后浪出版公司

偉人たちのブレイクスルー勉強術
ドラッカーから村上春樹まで

学会学习

从认知自我到高效学习

[日] 斋藤孝 著
张祎诺 译

江西人民出版社
Jiangxi People's Publishing House
全国百佳出版社

导　读

本书的第一、第三部分介绍了斋藤孝先生自身的突破学习法。

人生的转折点往往是需要时间验证的。就算是当代的领跑者斋藤先生，也会这样回忆起自己的过去：“在不得不复读的时候，我的内心受到巨大冲击，我的自以为是轰然倒塌。我痛切地认识到自己迄今为止的学习态度是有问题的，于是我开始拼命地学习。”斋藤先生的转折点在复读期间，他当时的心境是：“谁遇到喜欢的事都会变得有耐心。只要是自己喜欢的书，看多久都不会累。就算高中社团的训练强度再高，也能咬咬牙坚持下去。所以这次我只要让备考也变成一种喜好就可以了。它是一道必须跨过的坎，我决心放手一搏。”

如果在书店里看见一排排斋藤先生的著作，抑或是在报纸、杂志、电视上看到他本人，很容易让人产生一种错觉，觉得“只要找到适合自己的学习法，学习就会很轻松”。其实并非如此。铃木隆祐在《名门高校人脉》中就以学生时期就读于县立静冈高中的斋藤为例，对这一误区进行了补充说明。

“斋藤在随笔中经常提到自己曾非常积极地参加静冈高中硬式网球部的活动，不仅是下课后，就连课间与午休他都不愿意放过，只要一拿起球拍就不愿意放下。早在那个时候他就已经会为自己制定练习计划，这也许就是斋藤式学习法的雏形。积极参加社团运动的同时，他还在一个出过好几本考试参考书的老师的要求下，彻底背诵了《论语》与《孟子》。他的地理老师也曾列出世界地质图书的列表，让他们把相关的书籍全部阅读一遍。这是斋藤第一次认真读书。斋藤消化、吸收知识的关键，就在网球运动与自身素养的提高这一动一静的结合之中。后来，他也凭借这些积淀成功考上东京大学法学部，并在大学毕业后得到在东京大学教育学研究科继续深造的机会，顺利拿到硕士学位。”（引用时有所省略）

虽然文武兼备的高中时期为斋藤先生打下了坚实的基础，但他没有就此止步，之后他还把自己的学习方式与朋友的进行对比，在不断尝试中找到适合自己的学习法，在实践与努力下确立自己的突破术。

如果您读过斋藤先生的《点燃行动激情　使命、热情、兴奋！》，就应该知道他在32岁进入明治大学教书之前并没有固定的工作，内心也因此非常压抑。不难想象，只要斋藤先生一听到高中或大学同学的近况，就会觉得很挫败，觉得自己绕了很多远路，早已被他人远远甩在身后。但我认为正因为有了突破学习法，才有了现在的斋藤先生。是他的突破学习法让他彻底变了一个人，帮助他度过了这段苦闷的时期，并让他在每一次突破中找到新的突破口。可以说斋藤先生看似在绕远路，其实是在走近路。他在第一部分提到“确定势在必得的‘制胜球’”，说危机中暗藏机遇，所以没受过挫折、没碰过壁，就很难找到属于自己的制胜球与拿手好戏。

斋藤先生还在第一部分的开头告诉那些学习、工作不顺利的人：你们“只是还没有找到适合自己的学习方法”。与此同时，他还鼓励他们：“不顺利是理所应当的，因为你们还没有成功。”

斋藤先生考上研究生，并在艰苦的研究生活中磨练了自己的毅力。这个时期的他感悟到：“是备考塑造了今天的我”“只要不断学习、不断提升自我，就可以完成几次自我突破”，并在无意之间学会了“通过阅读，发现书中人物确立风格的转折点”这一本领。

人物传记虽然能激起人的斗志，让人立志以书中人物为目标奋斗，但因为时代、国家、生活习惯、家庭环境的不同，又会让人不知该从何做起。

这时就该轮到斋藤先生出马了。他认为伟人之所以是伟人，是因为他们找到了自己独创的学习法，且人生转机就藏在不断的尝试与努力中。他还彻底研究了伟人们的学习法，并在第二部分把其中最精华的部分介绍给我们，让我们用于学习和工作中。虽然本书的题目为《学会学习》，但我认为第二部分的标题——《确立了“原创学习法”的伟人》同样也非常贴合主题。正因为确立了原创学习法、完成了自我突破，才能成为伟人。斋藤先生介绍给我们的德鲁克的思考命名法大概就是这样用的吧。

通过斋藤先生对16位伟人的介绍，我发现伟人们有一个共同的特点，就是他们也需要一定的时间，才能找到属于自己的学习法。

在介绍歌德式学习法的小节中，有这样一句话：“想在某个特定的领域‘开窍’，每个阶段的努力都是必不可少的。”虽然这句话前后讲的都是艺术方面的事，但其实它作为一种学习方法适用于我们每个人，适用于任何领域。

本书的序言中曾提到“找到适合自己的学习方式→坚

持→突破”这三个阶段。从伟人们的原创学习法中，我们还可以发现这里说到的“坚持”的前提，是找到适合自己与自己性格特点的学习法。

在村上春树的学习方法中我们学到：“无论是多么辛苦的一件事，只要它是适合自身性格特点的，我们就能长久地坚持下去。”学习中也有这样的例子，比如，只要能找到适合自己的方法，就算是不擅长的科目也会开始变得越来越有趣。不仅如此，我们开始能听得懂这门课了，并获得与以前完全不同的感受。

谢里曼追求冒险的学习法也是个很好的例子。他有自己明确的目标，并且愿意花时间一点点实现这个目标。他相信自己会成功，描绘自己的蓝图，挑战一切可能，坚持到最后……这正是斋藤先生所说的“找到适合自己的学习方式→坚持→突破”。如果你有想就读的大学、就职的公司，谢里曼这个追求冒险的学习法应该可以帮到你。

谢里曼取得历史性发现的例子，还让我想起了1965年发现了稀有单种属动物——“西表山猫”的户川幸夫先生。他虽然是一名荣获直木奖殊荣的作家，但对动物的了解却达到了专业的水平。此外，他还在日本文学界确立了动物文学这一全新的文学类型。户川幸夫先生身为作家却完成了“20世纪动物学界最伟大的一次发现”，这完全就是对追求冒险学习法的完美诠释。

按照第一、第二部分的说法，我们不仅需要花费很多时间与精力寻找到适合自己的学习方法，还要在找到以后一直坚持下去。这就让那些想要掌握高效学习法的人开始着急了。所以斋藤先生紧接着就在第三章中打出“立竿见影”的旗号，并推出了斋藤式速效学习法。

当我看到“剪报学习法”，我马上联想起自己复读的那些日子。那个时候我连续复读了三年，也没有什么值得参考的学习法。可是现在想起来，当年做的剪报应该就是我的突破学习法吧。复读第三年，也就是1989年的夏天，我突然想到报纸的社论部分也许对我写考试中的小论文有所帮助，于是就把每天的社论全部抄写后，剪下来贴在本子上。我在广告纸的背面把文章抄写上一遍，就能马上搞清楚其中的重点。此外，我还会把自己的想法像写日记一样记在旁边。

坚持了一个月以后，我开始觉得订一份报纸不够，于是又去地铁站前的商店买了第二份报纸，并对两种报纸进行对比阅读。从那以后，我会有选择性地剪贴社论文章。再后来，剪报本的报纸种类已经增加到三种。进入明治药科大学以后，我继续坚持剪报，并用了大约五年的时间积累下了一百多本剪报本。就连买报纸、本子、浆糊也花了不少钱。

就在剪报已成为生活必需品的1992年2月，我获得了第一回开高健奖的奖励奖。得奖作品是我的处女作《毒蛇》。它是一篇非虚构小说，讲述了一名制作眼镜蛇血清的医生的故事。之前，我从没用稿纸写过超过5页的东西。这次能写出超过400页的作品，并在众多国内外优秀作品中脱颖而出，除了选题好，还多亏了“剪报学习法”。是剪报培养了我的文章表现能力与故事塑造能力。

可惜的是，因为剪报本已经多得没地方放了，所以我在坚持了5年后决定只保留阅读的习惯，放弃制作剪报。这100本剪报我至今仍保留着，也许在他人眼中毫无价值，但只要一拿到手中，就能邂逅当年的自己，想起当时世界与日本的样子。我的剪报册对我来说正如斋藤先生说的那样，是“倾尽所有心血完成的东西，也是一种人生财富”。每次翻起都能让我觉得：“要是当时能坚持下来就好了。如果有机会，再选一份报纸重新做一次剪报吧。”

每当人心情低落或迷失志向时，就会不由自主地想要阅读。复读期间的我就是这样的。我不仅看吉川英治的《宫本武藏》和《三国志》、司马辽太郎的《龙马来了》、松下幸之助与安德鲁·卡内基撰写的成功学必备书籍，还喜欢读一些名言警句。我虽然能从名言警句中看到伟人们的经历，并为此深受鼓舞，却没有从中找出能用在自己身上的东西。这可能是因为以前的我从未读过哪本书，能像斋藤先生的书这样指出“伟人在成为伟人前所付出的努力＝原创学习法”这一观点。其实当时肯定也有这样的书籍，只是经济泡沫时代一掷千金的生活习惯，令人们忽略了脚踏实地的努力，使得这些书籍只能被放在书店的小角落里。

在泡沫经济结束后的二三十年，人们越来越重视学习的意义、工作的价值与做事的态度。斋藤先生也通过这本书向我们提供了改进的处方。

虽然本书的大部分读者可能是已经工作了的成年人，但我由衷希望考生与大学生都能看看这本书并反复阅读，为今后的人生打下基础，收获一个充实的大学生活或者工作生活。之前提到的《点燃行动激情》与《振奋人心的话语》也同样推荐给大家。

小林照幸

（非虚构小说作家·明治药科大学兼职教师）

序　掌握适合自己的学习方法

Breakthrough（突破），意为打破僵局。它指科学技术取得突破性进展或太阳破云而出，是一个充满希望的词语。

学习本来的目的是让我们摆脱眼前困境，但是如果你没有找到适合自己的学习方法，就很难突破现状。

希望你能从本书中获得启迪，找到符合自身性格特点的学习方法，从而突破自我、改变现状。

也许你会想，我们早已不是义务教育的适龄儿童，为什么长大成人以后还要掌握“性格学习法”呢？实际上，**正因为我们是成年人，才更需要轻松、高效、容易掌握的学习方法**。

你需要了解自己在哪一个时间段，在什么样的环境下，用何种方法更容易进入学习状态。因为我们是了解自己性格、习惯，有着明确目标的成年人，所以**一旦掌握了适合**

自己的学习方法，就会迅速强大起来。

若用图表示，即为：

找到适合自己的学习方式→坚持→突破

学习本来是对未知事物的求知欲、好奇心，是一种由内而外自发形成的欲求。换句话说，就是一种受“学习欲望”驱使的行为。

但不知从何时开始，学习从一种欲求变成了一种义务，从“我要学习”变成“要我学习”。

大学本应是一个可以自由选择学科，自主性很强的学习场所，但现在多数大学生却觉得它只是高中的延长线。虽然不逃课、认真学习的学生不少，但是却很少能够见到想要钻研此道，且学习欲望强烈的学生。

我们从小就被养成了“学习就是完成作业”的习惯，这让我们无法主动学习，也无法积极地思考自己想做什么、该怎么做。

儿时，父母、学校或补习班的老师在学习中充当了我们的领航员、引导者，但到了大学，就不再有人告诉我们该去做什么。

这就要求我们用自己的大脑去思考哪些学习是必要的。这种能力在进入大学以后尤为重要。

我有一个具备丰富海外商业经验的朋友。他一进公司，就开始疯狂地学习英语，因为他们公司会派懂英语的人出国留学，而且留学结束后，还可以获得在海外一展身手的机会，他就是为了这个目的才努力学习英语的。毕业后我曾和他一起外出旅游，令我震惊的是他的梦话都是用英语说的，可见他对英语学习“中毒”之深。

没有任何人强迫他，他只是为自己的未来绘制了一幅蓝图，然后为之努力。最终，他获得了留学机会，之后还被派到了海外，现在已经是海外分店的副社长。虽然到大学为止的学习是他成功的基础，但直接改变他整个人生的，还是他走上社会以后所拥有的那份强烈的上进心和明确的目的性。

自主学习犹如品尝美食。不是按既定顺序品尝固定的食物，而是从五花八门的菜品中选出自己想吃的、身体需要的食物，并对其进行个性的搭配。

从众多选项中，搭配出“势在必得”的组合，就好像是棒球投手确立自己的**“制胜球”**。**一旦掌握了“制胜球”，其成效会让你终身受用。**

本书将向你介绍多位伟人的经历，希望能让你从中受益，找到属于自己的“制胜球”。

拓宽事业、丰富人生的关键在于学习，学习态度也反映着你的生活态度。

关于学习，村上春树这样写到：

从小学到大学，除去少数例外，我对学校强制学习的东西基本上毫无兴趣。……

我是在离开正规的教育系统，也就是走入社会后，才开始对学习产生兴趣的。我发觉如果配合自己的节奏，用自己喜欢的方式学习自己感兴趣的领域，就能高效地掌握知识和技术。比如说翻译技巧，我就是用自己的方式，自掏腰包一点点学会的。虽然到翻译风格大致定型为止花费了不少时间，也走了不少弯路，但反复实践的过程让我对学到的知识掌握得非常牢固。

（《当我谈跑步时我谈些什么》）

“配合自己的节奏”，“用自己喜欢的方式”，“学习自己感兴趣的领域”——如果能做到这几点，就能体会到成年人学习的有趣之处。

“自掏腰包”式的自主型学习，是成年人学习的关键所在。

只要找到适合自己的方法，学习就会变得非常有意思。你会变得越来越有自信、越来越有毅力，你的世界也会变得更加多元化。

我们每个人都能找到适合自己的学习方法。

目　录

Part2　确立了“原创学习法”的伟人

第一部分

掌握自己独特的学习法
人生就会充满无限可能

不擅长是因为“方法”不对

最近我开始学习大提琴。

虽然早已放弃演奏乐器，**但如今年近半百，重拾乐器反而别有一番乐趣**。因为我并不指望练得多好，只要能演奏自己喜欢的曲子，自得其乐就够了，所以我选择的上课方式也很自由。

我是那种去教室上课嫌麻烦的人，于是索性请老师上门教学，而且三周才上一次。**比起想马上见到效果，首先要保证自己能游刃有余地坚持下去。**

学完最基础的知识后，老师问我：

“你是想从基础开始慢慢学习？还是想尽快学会演奏曲子呢？两种方式都可以选择。”

我马上回答：“我想尽快学会演奏自己喜欢的曲目。”

由于小时候练习拜厄受挫，我对学习任何一种乐器都非常抵触，我最怕一点一点地从基础练习做起。这种必须按顺序把枯燥无味的练习曲逐一弹熟的学习方式，让我觉得很痛苦。因为在家提不起兴趣练习，所以上课时经常被老师要求重练。就这样，在我发现弹钢琴的乐趣之前，就因为讨厌上课而打了退堂鼓。

从那时起我就一直认为，只有耐得住枯燥练习的人，才能在演奏乐器这个独特的领域中生存下去。

然而在这次的老来尝试中，“兴趣所致”取代了“一成不变”。不需要每天一丝不苟地练习，只要抽空练习就好；不需要机械地重复无聊的基础训练，只要练自己喜欢的曲目就好。因为方式灵活，所以上课完全没有压力。

老师还夸奖我：“你进步得很快呢，已经可以读谱了。”这让我非常高兴，即使按弦的指尖已经有些刺痛，我还是坚持练习。不，是快乐地练习，没错，很快乐，然后翘首以待下一次上课。

其实仔细想想，曾让我感到害怕与痛苦的是练习拜厄时的“方法”，而非弹钢琴本身。我不是不适合弹钢琴，而是不适合练习拜厄。近年来，钢琴的教学方式也从“拜厄一边倒”的情形中脱离开来。如果当年的学习方法能有所不同，也许我会喜欢上弹钢琴。

就算你做不好，也不代表你没有这方面的天赋，也许只是你的“方法”不对。就算这种方法不适合你，也不能说你没有这方面的才能。换一种方式，你也许就能成功。

这不单单局限于学某一种特长，任何知识的学习过程都是相通的。

现在是多样化的时代，学习的方法论也是百花齐放的。

不能因为学习不顺利，就消极断言“不适合自己”或“自己没有这方面的才能”。告诉自己“只不过是方法不对”，就能避免陷入消极情绪。渐渐地，你会发现只要找到适合自己的方法，一切就会迎刃而解了。

没有“不适合学习的人”，你只是还没有找到适合自己的学习方法。

你为什么学不好英语

乐天和优衣库已经把公司的通用语言定为英语。今后肯定也会有很多公司相继效仿。如此一来，越来越多的人将会感受到掌握英语的迫切性。

现在，已经有不少人选择熟练掌握英语。各种教科书、语言教材、语言学校、出国留学、英语能力考试、托业考试等让人应接不暇。如果计算出日本全国在学习英语这件事上所花费的全部精力和费用，一定会是一个庞大的数目。

即使有这么多的人费尽心思学习英语，但真正做到学好英语并将之运用于工作上的可以说是凤毛麟角。

可以预计今后英语学习所带来的不安与压力一定会愈演愈烈。

那我们应该怎么办呢？

为什么日本人从中学开始每天都要学习英语，但还是说不好英语呢？

你之所以到现在都学不好英语，是因为你没有制定战术，找到适合自己的学习方法。

运动员必须在比赛中拿出他们的训练成果。这就要求他们不仅体能要好，思考方式也必须灵活多变、积极可行。

为了获得比赛胜利，他们通常会分析自己的优势与缺点，并在此基础上拟定获胜战术、战略。

也许有人会在赛前采访中说："虽然现在还没想好具体该怎么比，但我会拿出练习的成果，全力以赴参加比赛。"但其实不可能有运动员会在没有战略、不了解自己优势的情况下贸然参加比赛。他们一定已经精心拟定了作战计划。

棒球、足球等团体赛的选手也是如此。因为战绩会直接影响全队的成绩以及自己的去留，所以越是厉害的选手，就越清楚自己的武器是什么，怎么做最有成效。

光是一门心思地锻炼身体、苦练技巧是不行的。

学习亦是如此。

我应该采取什么方式进攻？在拟定作战方式之前，一定要仔细思考自己的武器是什么。

方法是多种多样的，但你要有所选择，**确定自己势在**

必得的“制胜球”。

只要彻底地钻研好自己的制胜球，胜利女神就会朝你微笑。

高一的时候，我曾向一个托业考试考了九百分（满分九百九十分）的人询问英语学习方法。他回答我说：“购买原版真题、然后把觉得对自己有用的句子抄在笔记本上，整理出生词和固定搭配的笔记。最后不断练习，直到倒背如流。”

他只是做了真题、做了笔记、最后坚持反复练习而已。这并不是什么新颖的方法，只是脚踏实地的学习法。做笔记和反复练习就是他的本领。

笔记是他的“制胜球”。根据真题整理出单词本、固定搭配本，加以反复练习是他万无一失的战术。不仅如此，他还做到了把这些方式统一起来，然后不断磨练自己的技术。

只要在学习中能认清自己的武器，并有效加以利用，就能获得成功。

可以预见到，只要他在以后的入学考试、资格考试中继续使用这个方法，就一定能轻松过关。也就是说，这会变成一个他终身受用的学习方式。

所以，**只要拥有“制胜球”和制定好战术，就等于是掌握了“必胜的法则”。**

什么是适合你的学习法

反之，如果没有“制胜球”，就无法拟定战术。在没有制定计划的情况下就贸然走上赛场，只是有勇无谋的表现。

那么，该如何找到自己进攻的突破点呢？

请你回想一下自己小时候是如何学习的。**努力回忆一下自己的学习习惯、行动模式以及思维倾向。**

比如你是如何记忆的，**用什么方法记得最快。**

由于脑结构的特性不同，有人擅长瞬间记忆，有人擅长长期记忆。

记忆方法是因人而异的。

我觉得朗读能帮助记忆，但有人觉得出声会妨碍思考，记忆的时候喜欢默读。他们认为读书也会消耗体力，让大脑无法灵活运转，不能很好地理解内容。

有人喜欢坐着背书，有人喜欢边走边背。而我觉得坐在桌前难免令人心生烦闷，躺下放松反而有助于记忆，所以我最喜欢躺着背书。

还有人认为“好记性不如烂笔头”，喜欢边抄边记忆，但也有人认为光顾着“抄”，反而记不住内容。

不只是背书，做笔记也是如此。有人通过做笔记来理清思路、加强记忆，也有人过于追求做个漂亮的笔记，而忽略了掌握笔记的内容。

有个高中朋友，她的笔记总是用彩笔写得五颜六色，但一到考试，就什么都想不起来了。我问她是不是因为光顾着“做”笔记而忘了“记”笔记，她回答我说：“是啊，一开始做笔记，我就停不下来了。”

很多人都和她一样，因为享受做笔记的过程，所以一做完笔记就心满意足，以为完成了一个漂亮笔记，自己就全部掌握了。这种错觉很危险。

不过也有人只通过做笔记就能完全掌握其中的内容。大学时，有个同学看似木讷迟钝，却考上了东京大学，这让人不禁有些疑惑。再一看他的笔记，又让人大吃一惊。他的笔记不仅美观，而且清楚易懂。大家都说可以直接作为参考书出版了。他虽然不是头脑灵活的天才，但他写一遍就能记住的记忆力、整理笔记时的归纳吸收能力，却是高人一等的。

通过观察身边的朋友和熟人，我意识到东大学生并不都是聪明绝顶的天才，也有不少像他这样的人。

他们有一个共同的特点，**就是都拥有一技之长且要求自己精益求精**。他们的强大之处在于，在考大学时就已经先人一步找到了自己的武器并懂得灵活运用。

那我的“一技之长”和“制胜球”又是什么呢？其实就是“多说”。很多人喜欢一个人准备考试，但我喜欢和朋友相约一起备考。因为我能在叙述脑中知识的过程中不断加深对知识的记忆，并且检验对方所说的话。不停地说，不停地记，这就是我的方法。现在我上课、演讲时滔滔不绝、丝毫不觉得累，不仅是因为我本人喜欢说话，还归功于学生时代磨练“一技之长”的经历。

读书时，很多人喜欢把文字和它出现的地方一同记忆。比如某句话出现在书的中间页数的第二个自然段。我也有这个倾向，所以一遇到重点，我喜欢把它们圈起来、用不同颜色的笔标记出来或者在旁边打上表示重要的符号。这样做能让我的印象更加深刻。

记事情时，有人喜欢用“谁在什么时候对我说了什么话”的方式帮助记忆。这些人大多是“比起知识，更看重经验”的务实派。

除了这些，还有一个重要的因素就是，你**在什么地方注意力更容易集中**。

有喜欢独自待在家里学习的人，也有喜欢待在图书馆这样安静的氛围里学习的人。最近选择咖啡店的人也越来越多，他们觉得店内播放的音乐和客人们的谈话声更容易让人专心。

我也经常在咖啡店里学习或者工作。要说为什么，大概是因为从小就没有正经地坐在桌前学习过。小时候我总是坐在客厅的茶几前，和家人一起，边看电视边学习。现在我也习惯坐在客厅里看校样、读书。周围虽然有人，但他们不会打搅我，这种环境会让我觉得很安心。

接下来，你需要考虑自己**在什么时候最有干劲**。

比如，虽然不喜欢去补习班上课，但喜欢在网络课堂上课。

虽然不喜欢上英语课，但喜欢记英文歌词。

又或者是在考级考证的过程中情绪更容易高涨。

“选A还是B？”你可以通过回答下列问题了解自己的倾向。

- “练琴会从基础的拜厄练起”或“会挑战自己喜欢的曲子”

• “喜欢去补习班”或“喜欢不停地写模拟题”或“喜欢请家教”

• “喜欢去图书馆学习”或“喜欢去咖啡店学习”或“喜欢去连锁餐厅学习”

• “擅长自习”或“一个人学习没什么效率”

• “喜欢在自己的房间里学习”或“喜欢在客厅里学习”

• “喜欢朗读”或“喜欢默读”

• “喜欢反复练习”或“不喜欢反复练习”

• “喜欢把笔记做得很工整”或“做笔记时很随意”

• “喜欢用声音帮助记忆”或“喜欢通过抄写帮助记忆”

• “喜欢预习”或“喜欢复习”

• “喜欢长跑式学习法”或“喜欢短跑式学习法”

你可以把自己的特点写在纸上。适合你的学习法就藏在你更擅长的选项中。就算你还没有找到属于自己的“制胜球”，也可以从中得到一些启示。

学习也讲契合度

谁都有适合与不适合，如果无视个人的性格特点，往往会事倍功半。

虽说“早起的鸟儿有虫吃”，但也许你的体质根本不适合早起，所以没必要因为“不能早起学习”就心情低落，觉得自己一无是处。你只是不适合早起学习法，每个人的一天都有24个小时，只要在其他时间段努力就好。

我们使用的方法是否适合自己的性格，是在学习过程中很容易被我们忽略的问题。

日本人喜欢做性格测试，而且特别喜欢用血型和出生日期分析自己的运势与性格。但就算我们通过测试知道了自己是什么类型的人，也很少去进一步思考“因为我是这种人，所以我适合这种方法”或“如果用这种方法，我也能做得到”。其实结果分析最有价值的地方，在于我们如何将其与现实联系起来。

如果在遇到困难时选择妄自菲薄，觉得“做不好是天性使然”或“像我这种类型的人，绝对做不到”，就会限制自己的无限可能。

大家很容易误解学习，觉得它是与有趣无缘、与个性无关的修行之旅。

这么说不无道理，因为学习确实能培养一个人的耐性与毅力。但是，**越是强迫自己就越容易心生厌恶，与其这样，还不如找一个自己不怎么排斥的学习方法，消除厌恶与抵触的情绪**。

我们常说“天性使然”。真正适合你的，绝不会让你感到痛苦，持之以恒也不再是难事。

能否做到专心致志，契合度至关重要。

在制定具体的学习方法时，一定要考虑自己的性格特点，冷静地判断该方法是否适合自己。

做好心理准备，开始相亲式学习

曾有一些大学生拿着各类参考书和练习册找到我，认为就是这些资料帮助自己突破了难关。

他们会掩饰不住兴奋地对我说："就是这本书让我有了学习的欲望，所以我才会把它翻得如此破旧。"平常文静的学生表现得如此激动，也是十分有趣的。

这本书的什么地方最吸引你？以前我们往往没有机会对其进行分析，但今后**你可以利用向他人介绍的机会，有意识地在大脑里进行梳理**，进而了解隐藏在答案背后的自我倾向。

比如，有人会说这本参考书中老师的解析方法、解决问题的出发点以及思考方式会让人觉得茅塞顿开。但与其说是受到了参考书的启示，不如说是受到了老师的"影响"。

有一本学习英语单词与固定搭配的书，名为《DUO》（铃木阳一，ICP）。它的例句新颖有趣，现在很受人喜爱。普通字典上的例句总给人一种“现实生活中绝对用不到吧，这个说法也太古老了”的感觉，但这本参考书里的例句既实用又有趣，让人在记单词和固定搭配的同时，把整个例句一起记下来。

有人将山川出版社的《世界史用语集》称为考取教师资格证的必备书目。它的特点是每个知识点的后面都记有数字，比如写着⑤的地方代表有五种高中教科书中出现过这个内容。这样一来，就可以通过数字来掌握这个知识点的重要程度。标记着①，就表示只出现在一种教科书中的内容也被无一例外地网罗其中。可以说，在备考高中世界史时，这本书的地位无可撼动。

参考书、练习册的哪一点深得你心？其答案就像是你性格诊断的结果，可以告诉你什么适合你。

所以，**选择参考书和练习册就好比是相亲，必须不断尝试才能找到与你最般配的那一个**。

只有在真正交往过以后，你才知道对方是否适合你。这里说的不是联谊，而是相亲。因为联谊相对比较草率，只要遇到出色的对象，就可以试着交往看看。而相亲则是以结婚为前提开始交往的。两者的受重视程度完全不同。

如果你用这种相亲方式找到了满意的参考书或练习册，就要像真正的相亲那样，抱着“我要跟这个人结婚”“我要一辈子和他（她）在一起”的决心，对待这本书。**你必须要有与其相伴一生的觉悟**。

如果你不幸遇到了与自己合不来的对象，就要与其和平分手，重新寻找适合自己的对象。这里之所以用“和平分手”，是因为如果有缘再会，也许还有重归于好的可能。

就要像这样在不断认识教材的过程中，发觉自己的一技之长，从而确立自己的学习方式。

就算失败也没什么大不了的。因为**失败了的方法中，一定有能帮助你认清自我的地方**。

我不想写“基础练习题”

我自身也在学习过程中经历了很多次失败。

现在我选择了做一辈子学问这条路，这可能会让大家误以为我从小就喜欢学习。其实，我小时候最讨厌学习了。前面已经介绍过，我讨厌脚踏实地的努力。因为我喜欢研究学习方法，所以我的脑袋里想的全是如何投机取巧、如何一蹴而就。

可是，**学生时代的学习，就是一分耕耘一分收获的。这让我的人生绕了很多远路**。

因为我本来就是个有点过度自信的人，所以太简单的事反而让我提不起兴趣。每当看到“从基础开始学△△”“简单的○○”“一看就懂的□□”的字眼，我都会觉得特别不耐烦。

中学时学校曾发给我们一本薄薄的数学练习册，名字刚好就叫《基础练习》。我拿到以后，不禁心想："这是什么啊？基础？放过我吧，我最讨厌基础了。"之后就再也没碰过。

取而代之，我给自己买了许多又厚又难的习题册。但买完以后我就觉得好像大功告成一般，不久就将其抛之脑后了。那是我最讨厌学习的时期。

可想而知，期中考试的成绩自然是惨不忍睹。我也觉得不能再这样下去，于是向朋友求助。朋友说："学校发的练习册你写了吗？只要把上面的题都搞懂了，考试就没问题了。"

所以我只能不情不愿地写完那本《基础练习》。结果期末考试的成绩果然上去了。真不愧是"基础练习"，只要好好做就能取得好成绩。其实从"学校发放"这一点就应该能察觉到的，都是我那时太迟钝了。

回想起来，我从小学起就无法抵抗厚厚的练习册。

什么《强力5000题》《自由自在》之类的，单凭它们的厚度和夺人眼球的标题，我就把它们买回了家。

虽然一开始干劲十足，但想要每天不间断地坚持下去，并不是一件容易的事。**挑战厚重的练习册是需要有耐心的。因为我没有耐心，所以它们并不适合我。**

最后《强力5000题》我50题都没有做完。《自由自在》也连5%都没有完成，而且完全没感觉到自由自在。

升到中学后，历史再次重演。也许是天性使然吧，我还是不由自主地对“基础”一词心生抗拒。

后来在选择世界史教材备考大学时，又因为犹豫不决吃了亏。

我参加考试那会儿，大家都说山川版的世界史教材好，但我的高中采用的世界史教材是其他版本的，为此我还特意买了山川版的教科书。但是这样反而是劳而无功。最后，我连自己学校教材里的知识都没有掌握，可以说是鸡飞蛋打两头落空。其实我应该先掌握好学校的教材，然后再看山川版进行补充的，可我却哪本教材都想学，结果哪本教材都没学好。

我也不是不想好好学，我有很多想法，但都是光说不练，纸上谈兵，所以最终也只能落个徒劳无功的结果。

失败的法语口语班

成人后，我也经历过惨痛的失败。那是我还在读研的时候。

由于当年的研究题目，我需要学习莫里斯·梅洛－庞蒂的思想。我认为身为研究者，应做到熟读原作，必要时需要引用法语原文，如果条件允许，最好能够听说法语。所以，我报名参加了“雅典娜法语学校”的法语教程。

因为报考研究生的时候曾准备过法语，所以一时大意选错了课程，被分到了绝大多数都是女性的班级。每次一开始讨论，美丽的太太和小姐们就会用流利的法语聊起法国菜味道如何、哪里的红酒味道如何等专业话题。

虽然我会一点法语，但对料理与红酒的知识一窍不通，听她们用法语交流更是让我觉得一头雾水，完全无法融入其中。就算被外教点名，我也急得吐不出一个字。可以说那段时间我感觉自己特别抬不起头来。

这次经历的后遗症让我从此不想再说法语，一回忆起当时的情形，就会陷入无尽的自我厌恶之中。

她们想要掌握的法语**和我想要学习的法语性质完全不同**。她们的对话内容对我而言毫无意义，而我也不具备相应的知识素养参与她们的讨论。可当时的我却没有认清这一点，顶着巨大压力傻傻坚持了半年。

随着研究一步步深入，我开始发现根本没必要打肿脸充胖子去学习法语。

虽然我们说过要学会分辨适合与否，**但搞清楚为何而学、如何去学更为关键**。如果忽略这一点，再怎么学也是浪费时间。

几年前，有个朋友开始学习法语。他就是因为喜欢红酒，想走遍法国尝遍各种美酒，想在法国聊起红酒时有话可说才学习法语的。我曾经上过的法语班正适合他这样的人。

是需求，还是喜欢

在学习之前，你还要确认自己学习的目的到底是“需求”，还是纯粹的“喜欢”。

有一种学习方法是：快乐就好。现在我学习大提琴时用的就是这个方法。

因为我不把学有所成当成首要目的，而拉琴让我快乐，让我更爱乐在其中的自己。

比如，虽然对工作不会有直接的帮助，但有人会把记住“蔷薇”“骷髅”等这类复杂汉字的写法视为乐趣。如果他们能重视这份愉悦感，并不断地充实自己的人生就再好不过了。热衷于“汉字鉴定”也是件十分好的事情。

还有人喜欢提高自己在历史或古典文学方面的素养。满足自身的求知欲会让他们感到充实，深入了解佛罗伦萨的历史，或细细品读《源氏物语》《万叶集》《论语》都能让他们心满意足。

无论是学习武道等技艺，还是学习其他感兴趣的内容，只要自己喜欢，不必他人敦促也能学得自得其乐。

先不说学得如何，只要学习中有让你感到快乐的地方，你就能坚持下去。这种快乐可能是在学校与朋友的愉快相处，也可能是在发表大会中不求结果只享受过程的一次演讲。

其实，如果我能在“雅典娜法语学校”鼓起勇气多跟他人交流，也许那段时光我会过得快乐一些。可惜我没有这样做的勇气，偏离本意也让我闷闷不乐，挫败感也因此久久无法释怀。

最糟糕的就是你既不“需要”也不“喜欢”。

“总有一天用得上”的想法靠不住

经常有人以“说英语给人印象好”或“总有一天用得上”为由学习英语。他们认为：“学总比不学好，说不定能学会呢。”你大可过一段时间再问问他们：“学得怎么样了？”保准他们会回答你：“没在学了，我已经放弃了。”

就算你像大雄一样，悠闲地怀抱着各种“能实现就好了”的小愿望，你身边也是没有哆啦A梦的。

我从未见过有人是出于“总有一天用得上”的想法，最后还学有所成。

如果是能提高自身素养的知识，也许是“有备无患”的，**但想要学好一门语言，没有目标地盲目学习，是绝对学不好的。**

- 做到会读就好

- 能写就行
- 希望能进行日常对话
- 能听懂专业内容，并用专业知识进行交流

你的目标必须明确。特别是口语，如果不是形势所逼，很难说得特别流利。

面对国内的英语考试，国际的托福、托业考试，有激情固然很好，但除此之外，一定要先定好目标，要知道自己是为何而学。只要这样做，你的学习速度、学习热情就会得到大幅度提高。

为考试而学英语与单纯地希望会说英语很不一样。

因为真正想学会英语的人，要么没有退路，要么满腔热血，总之都对英语学习抱有强烈的动机。

不仅如此，**还应克服畏惧英语的心理，让自己“喜爱”上英语**，从“被迫学习”变成“自己想学”，因为“需求”和“喜欢”选择学习。

如果不能做到这种改变，就无法用地道的英语在商业领域中一展身手。

学会取舍

“你真的需要超高水准的英语会话能力吗？”回答这个问题时，你不用急着消极地告诉自己：“我做不到”，**而是要从战略性的角度出发，作出“达不到那个水准也没关系”的判断。**

曾有一位专业的翻译人士这样建议过我：

“这些话我对很多大学老师都说过。很少有老师能将英文授课达到国语授课的水平。一门语言的能力高低，不仅是词汇量的问题，还包括发音、语调甚至是语言表现力。所以除非是非常熟练，否则英文授课难上加难。勉强自己说英文很有可能让听的人云里雾里。所以如果遇到必要的演讲场合，很有必要请一名专业的翻译。我们翻译也正是为此而存在的。”

他说得没错，想要听清并正确表达外语中的专业术语，不是一朝一夕之事。我很少会碰到必须用外语交流的场合，所以掌握外语并非重中之重。

必要时雇用翻译，把省下来的时间与精力拿去做科研，这么做更有效率。

因为我们把掌握未知事物当成学习，所以总是煞费苦心企图填补自己的不足。但有时我们也要客观地作出判断，看清是否有学习的必要。歌德就精通多门语言，但他只用德语写作。

不是让你放弃你不擅长的，而是要你学会取舍，明确做什么，不做什么。生活中我们处处面临这样的选择，我们也能从自己的选择中看到自己的学习方式、工作方式以及生活方式。

所有的考试经验都是你的财富

想掌握学习法，必须做到以下三点：

①明确自己的目的

②找到适合自己性格特点的方法

③掌握“决胜球”

缺少其中任何一点，都会影响你的学习效果。

首先一定要有意识地做到这三点。

实际上，能在大学考试中切实做到这三点的学生，成绩都有明显的提高。

我认为，**所有的考试经验都是你的财富。**

因为考试是公正的，它可以准确地测试出你的学习能力。如果没有一定的学习能力做基础，就很难在自己喜欢的学习之路上继续深入。认识到这一点后，就要尽早在这种紧迫感中下定决心、开始行动。

在不得不复读的时候，我的内心受到巨大冲击，我的自以为是轰然倒塌。我痛切地认识到自己迄今为止的学习态度是有问题的，于是我开始拼命地学习。

我曾扪心自问："为什么要上大学？为什么要学习？"我曾阅读书籍，在那些逆境重生的人们身上寻找共同的心理状态，思考并实践潜心学习的方法。

然后我意识到，谁遇到喜欢的事都会变得有耐心。只要是自己喜欢的书，看多久都不会累。就算高中社团的训练强度再高，也能咬咬牙坚持下去。所以这次我只要让备考也变成一种喜好就可以了。它是一道必须跨过的坎，我决心放手一搏。

磨练耐力与毅力，就是定好目标以后不厌其烦地将其完成，就是遇到挫折也毫不气馁。这些与性格上的"适合与否"无关，都是能通过普通训练做到的。当你感到快要坚持不下去时，也不能放弃希望，学习最能帮助你学会如何持之以恒。

考试对我来说是必须的，是我的备考经历磨练了我的耐心与毅力。从那以后，学习不再是煎熬。

可以说，是备考塑造了今天的我。

后来我作为一名研究者，走进了艰苦奋斗的研究生时代。这段时期让我继续得到了磨练。我开始需要花几年的时间研究、摸索同一个题目。但正是这每天13个小时的研究，把我磨练成了一个有毅力的人。

我发现只要不断学习、不断提升自我，就可以完成几次自我突破，并且从你完成突破的那一瞬间起，你的视野会变得更宽，眼前的景色也会随之变得截然不同。**事后试着仔细回想一下自己是如何突破难关的，其中就有帮助你走向成长、走向成熟的秘密。**

在互相介绍有深刻记忆的教科书的课上，有学生说："我已经把所有备考的东西都扔掉了。"我告诉他："这么做太浪费了。"

我虽然理解那种"眼不见心不烦"的心情，但那毕竟是倾尽所有心血完成的东西，也是一种人生财富。那里不仅记载着知识与信息，还藏着你进步的轨迹、成长的证据。

这些从前的学习记录，不是使用完毕的信息残骸，而是你**"进步的轨迹"**。

我喜欢阅读人物传记，特别是对书中人物的人生转折点颇有兴趣。

我喜欢观察他们是以什么为契机完成一步步跨越的，又是找到了哪些突破点帮助他们完成人生"转变"的。

只要带着这种视角阅读，就能轻松地发现书中人物是在什么时候确立了自己的风格。这么做不仅能让阅读变得更有趣，还能让我们从中找到通往成功的启示。

下一章，我会列举一些独树一帜的伟人与智者们的小故事。让我们一起看看他们是如何跨越障碍，最终确立自己风格的。

第二部分

确立了“原创学习法”的伟人

学习启示 No.1

献给有干劲，却看不到成果的你
德鲁克的“目标管理&命名思考法”

德鲁克在学习时也会有计划地进行自我管理，
提前拟定好“行动计划”。
面对那些常人无法准确理解的事物，
德鲁克总能一眼看穿其中的本质，
并用精准的语言表达出来。

95岁也能发现新课题

彼得·德鲁克被称为现代经营学之父。他的学习方式非常值得我们学习。首先我想介绍给大家的是他**学无止境的学习态度**。

德鲁克在95岁高龄的时候这样说道：

> 工作之余，我每年都会给自己出一个题目，然后花三个月集中对其进行学习。
>
> 2004年的时候，我学习了中国明代美术。之前我虽然收藏了很多日本水墨画作品，但却不是很了解对日本影响深重的中国美术。通过这次学习，我有很多新的发现。
>
> 除此之外，我每三年还会制定一个计划。前几年我重新仔细阅读了莎士比亚全集。读完莎士比亚，我还看了巴尔扎克的代表作《人间喜剧》。
>
> （《知识巨匠德鲁克自传》，彼得·德鲁克著）

德鲁克的字典里没有“退休”二字，他坚持授课、参加出版活动。工作之余，**他还会以三个月、三年为期限，严格遵守“行动计划”，不断学习充实自己**。

他还认为，在现在这个知识海洋的年代里，每个人都是管理者。连自己都管理不好的人，更不用说去管理部下和同事了。重视自我管理是很有德鲁克特色的学习方法。

想要保持学习的紧迫感，必须制定目标与期限。学生时代的期中期末考试、模拟考、升学考试等都有一个期限，这让我们在无形之中多了一份紧迫感。成年后的学习，就基本上没有什么时间限制了。

比如托业考试，一年有八次。如果抱有“下次继续努力”的想法，很可能会一直拖下去。对自己的放纵与疏于管理都会阻止你进步。

你可以像德鲁克一样，给自己定一个具体的“行动计划”。

①制定目标

②决定期限

③根据实际情况进行调整

明确短期目标和长期目标。根据你三年后想要达到的水平，换算出第一年、前三个月以及今天应该完成的任务。

目标不能只在心里想想，还要写在看得见的地方。可以写在日历上、笔记本里或者电脑的小工具中，有意识地朝着目标前进也很重要。

小学是德鲁克“行动计划”的起点

制定目标，朝着目标努力的学习方法是德鲁克的小学老师教给他的。

八岁的德鲁克在转校后遇到了埃尔莎老师与佐菲老师。她们是一对姐妹，对德鲁克影响深远，令他终身难忘。

埃尔莎老师是学校的校长，也是德鲁克的班主任。她善于发现学生的闪光之处并给予引导。

> “彼得，你擅长的东西很多，但有一件事，你还没有完全发挥自己的天赋。你知道是什么吗？”
>
> 我摇摇头。
>
> “是作文。你虽然写得不错，但没怎么练习过吧。以后把练习写作文当成你的目标之一吧。”
>
> 之后我用相同的方法就读音、拼写、书法、算数也制定了目标，不断加以练习。埃尔莎老师坚信一个人的潜在能力在某些领域中并没有被完全发挥出来。不仅如此，她还引导我们释放潜能。
>
> 在我成为经营顾问以后，我经常告诉人们“不要老紧盯着那些你做不到的事，而要多去关注你能做到的事”，“实践目标管理（通过目标进行管理）”。但在这方面上，埃尔莎女士始终是我无法企及的先驱者。
>
> （同前）

后来埃尔莎老师让德鲁克每周写两篇作文，并在每周末进行成果验收以及制定下周计划。

佐菲老师是绘画老师，重视感性教育。她喜欢静静看着学生按照他们自己的想法做事，必要时才会出手帮忙或给予指导。

德鲁克说埃尔莎老师是“把计划性的学习技能传授给学生的‘教育学者’”，而佐菲老师是“用微笑感动学生的‘教师’”。

换个有趣的说法，可以说埃尔莎老师用的是“苏格拉底式教育法”，而佐菲老师采用了“禅僧教育法”。德鲁克回忆说，他是因为**遇到了这两位老师，才体会到了学习的快乐**。

考取法学博士的时候，德鲁克从未去大学上过一堂课，完全是靠着埃尔莎老师教给他的方法自学成才的。

制定好目标与期限，严格落实每一项计划——德鲁克在后期称它为“行动计划”。他大力推荐“行动计划”，认为它是一个通过自我管理，帮助人们收获成果的好习惯。“行动计划”的原点就在埃尔莎老师最初的教导里。

揭露物质本质的命名技巧

除了制定行动计划，我还希望大家学习德鲁克的“命名”技巧。

德鲁克是给概念命名的名人。

德鲁克真正普及了商业领域中的“管理（management）”一词。虽然“管理”的说法早已存在，但德鲁克却是第一个将“企业经营”系统化，并将其定义为“管理”的人。

“经营咨询顾问”是当今炙手可热的职业，它同样也是由德鲁克命名的。

“麦肯锡”是一个世界知名的经营咨询公司。它的创始人马文·鲍尔曾咨询德鲁克：“麦肯锡属于什么公司呢？”当时德鲁克给他的提议就是“经营咨询公司”。在此之前公司虽然已经取名为麦肯锡，并成功给很多企业提出了建设性意见，但始终没有一个能简洁表示公司性质的名称。

还有，为公司改革出谋划策的团队应该叫什么呢？早在德鲁克为通用电气公司（GE）做企业改革的咨询顾问时，就已经考虑过这个问题。当时他与GE前副总经理哈罗德·斯米迪一起得到的答案就是“经营咨询部”。

而麦肯锡同样是一个提供改革方案的组织，所以理应是经营咨询公司。有了这个名字，麦肯锡是一家做什么的公司就一目了然了。

后来，这个名字也一下子名声大噪。

能迅速对模棱两可的事物进行命名，明确其概念，是德鲁克的过人之处。

除“管理”与“经营咨询”外，“目标管理”“分权化”“民营化”“知识劳动者”等概念，也都是德鲁克明确的。

为何德鲁克年事已高，仍有众多美国知名企业向他寻求建议呢？

我认为这是因为他有能**发现他人容易忽略之处，并从中挖掘事物本质**的能力。

他创造出的名称虽然不是标新立异的，但却是直击本质的；虽然不是令人印象深刻的，但却能给人一种恍然大悟的感觉，因此才能广为流传。

自以为是的解释与命名，往往让人无法领会，自然也是站不住脚的。如果想法过于平庸，没有先人一步的独特之处，同样无法得到他人的认可。

德鲁克有一句名言：“企业的目的是创造更多的顾客。”一般人被问到“企业的目的是什么？”这个问题时可能会回答：“为了创造利益”，但德鲁克认为顾客才是最重要的。

他总能**突破一般人难以走出的思维陷阱，然后提出最本质的命题**。

“做生意的目的是为了创造更多的顾客”这个回答，给人一种新鲜感。做生意不单是为了盈利，还是为了奉献社会。从“创造顾客”这个词中，能感到源源不绝的能量循环。

仔细想想，这个回答抓住了经营的本质。可见只要挖掘到了本质，就能摆脱平庸的想法，用更自由、更广阔的眼光看待事物。

总之，德鲁克就是这样一个**擅长直击事物本质，重新定义事物概念的人**。

练习“命名思考学习法”

想要成为公司长期需要的人才，光是阅读德鲁克的著作，画上重点，恍然大悟是不够的，你要学会纵观全局，养成一眼看穿事物本质的习惯。**不能满足于获取情报，而是要做到用自己的语言对这些情报进行归纳总结**。

这就是我想推荐给大家的**命名思考法**。

只要多围绕“如何命名”进行讨论，多锻炼自己的思维，就容易看到事物的本质。

即使是视野较窄、爱钻牛角尖的人，只要经历了这种“命名会议”，也会渐渐变得能抓住问题的本质，从大局着手。

比如，可以给正在负责的项目取一个能表达其本质的名字。当题目是“是否应该实施此项目”时，大家一般会站在各自的立场上就“是否能为公司带来利益”这一观点进行讨论。但讨论“如何命名”不同，双方无需计较利益得失，就算意见不同也可以进行信息交换，分享彼此对问题本质上的理解。

一个好的命名，即使简洁也能准确表述事物本质，能够让大多数人产生共鸣并理解。

遇事多想想该如何为其命名，这样才能提高抓住事物本质的能力，从而**在命名的过程中获得准确把握事物概念的关键**。

不需要无中生有，这**不是搞发明创造，而是用全新的视角重新审视并定义已有事物**。

我认为当今社会需要的就是拥有这种能力的人才。

适合的人群

- ● 有干劲，却总是看不到成果的人
- ● 视野较狭，很难做到顾全大局的人
- ○ 想要尽快抓住事物本质的人
- ○ 喜欢命名或下定义的人
- ○ 想做有创造性工作的人

学习启示 No.2

献给想要摆脱学历自卑的你

本田宗一郎的“不请自来学习法”

学习要敢于不耻下问。
为了找到解决问题的方法，
本田宗一郎会主动找到这方面的专家，
不胆怯、不高傲、不摆架子、有目的地向其请教。
弄清楚哪些才是实现目标所必备的知识，
并用“OJT”学习法深入现场进行实践学习。

多倾听、多尝试的“耳学派”

Panasonic（松下电器产业公司）的创始人松下幸之助与Honda（本田技研工业）的创始人本田宗一郎都是从

学徒开始做起的。他们的经历告诉我们，就算没有学历，凭借天生资质加上后天磨练的直觉与积累的经验，也能开辟一片天地。

本田宗一郎把他的学习方法归纳为**“耳学与经验融合”**。

> 我的人生是在不断观察、不断倾听、不断尝试的过程中前进的。
>
> 如果遇到不懂的事，与其抽空读书，还不如用读书的时间向他人请教。
>
> 有时候费劲读了五百页的书，真正需要的内容只有其中的一页。所以我不会做这么没有效率的事情。我们公司有很多大学毕业的人，向这方面的专家提问更节省时间。然后我会将得到的答案与我个人的经验结合起来，找到可行的方案。世人都以为我什么都自己做，其实并非如此。
>
> 我认为我的特点就是不懂就问。大家都知道我没上过什么学，所以就算不知道也没什么好奇怪的。正因为如此，我愿意向任何人请教，不会觉得不好意思。
>
> （《梦想力》，本田宗一郎著）

本田宗一郎没怎么上过学，不会被所谓的自尊心束缚，能放下头衔虚心向他人请教。他不把没有学历当成一种自卑，而是将其转化成一种力量。

不喜欢阅读，更擅长倾听的人，很适合本田宗一郎的这种“耳学学习法”。

本田宗一郎的具体做法就是**向懂相关专业知识的人请教，不断丰富自己的知识，并用于生意当中。**

本田宗一郎之所以能找到这个方法，还归功于他28岁时生产活塞环的经历。

年近三十不请自来的学生

本田宗一郎从普通小学[①]的高级班毕业后，成为艺术商会里汽车修理行的一名学徒。22岁的时候，修理行允许他在浜松开一家分店。因为他手艺精湛，分店从开业起就经营得非常顺利。

但在28岁的时候，他认为自己应该着手于更有前景的事业，所以果断关闭了生意兴隆的汽车修理厂，开始转行制造活塞环。

---

①　二战前的初等教育机构。——译者注

虽然完全没有制造活塞环的经验，但他从小就喜欢摆弄各种机械产品，觉得只要努力应该没有什么问题。

于是他开始没日没夜地尝试制造活塞环。在那段时间里，他甚至减少睡觉时间，困的时候就铺一张席子，躺在工场的地板上休息一会儿。就这样，他坚持了几个月。但结果并不乐观，资金也快用完了。

后来，他走进了浜松高等工业学校的大门，想要得到一些建议。当地的技工遇到技术问题时都会到这所学校寻求帮助。

帮他做成分分析的老师告诉他，可能是硅和碳的成分不够。他睁大眼睛问道："必须要硅和碳吗？"可见当时的他完全是个门外汉，什么都不懂。

这次的分析结果令他非常感动，他深刻认识到**如果没有科学知识的辅助，就算再怎么不眠不休地努力，也是没办法成功的。**

出于想要从基础知识开始学习的求知欲，在得到了校长的同意后，他成为浜松高等工业学校机械科夜间部的旁听生。就这样这个年近三十不请自来的学生，戴着学生帽，穿着校服，开着爱车达特桑开始了他的学习生活。

由于他只想学习关于活塞环的知识，所以其他课程他一律翘课，甚至连期末考试也不参加。结果可想而知，两年后他因为过于我行我素而被学校开除了。

接受处分的时候，他还伶牙俐齿地说了下面一段话：

> “毕业证书的价值还不如一张电影票。我是因为想要在工作上取得成功才来学校上学的。就算拿到了毕业证书，也不能保证我一定就能解决生计问题，解决工作上的难题。但有张电影票，至少还能保证我能看到这场电影。所以电影票的价值要高多了。”
>
> （《本田宗一郎传（校订本）》，中部博著）

因为本田宗一郎想要的不是学历，而是工作中必须要掌握的专业知识，所以他才会说出“毕业证书的价值还不如一张电影票”这样的话。也许你会觉得分明是他主动上门的，怎么还好意思说这种话呢？他之所以会这么做，只是因为在他心中学校的价值与社会赋予学校的价值不同罢了。他有自己独特的信念与逻辑，他身上的这份豪迈很有昭和时代大人物的风采。

成功做出活塞环的试制品以后，接下来面临的问题就是如何大量投入生产。这是一个生产技术的问题，这次他**为了得到答案，开始了踏遍全国的旅程。**

本田宗一郎第一个拜访的是东北帝国大学。因为听说这里有很多金属方面的专家学者，所以他花了两个星期在研究室观察实验、请教问题。既然是作为一名经营者来这里积累经验，就绝不能吝啬，让老师们白白教学。作为回礼，他邀请老师们去附近泡温泉，盛情款待了他们。

之后，他拿着东北帝大的介绍信先在北海道室兰的工场参观学习了两周，然后在北海道帝国大学学习了四天。

回浜松的途中，他在盛冈南部铁道的师傅手下干了10天。回到浜松，见了做浴池的大师五右卫门后，又马不停蹄地赶到九州帝国大学。

这样一趟下来，他基本掌握了活塞环的制造技术。

因为目的性强，所以他的提问都非常清晰明确。拜访专家、咨询必要的知识、多倾听多观察、不断吸收掌握，这就是既高效又具实践性的“On the Job Training（OJT）”。

从完成试制品到正式开始大量生产的两年里，本田宗一郎除了学习生产技术，还取得了28个专利权。

因为本田宗一郎把他的目标明确定为“只学习对工作有用的知识”，所以才能毫不动摇、不浪费时间地追求自己的目标。

山穷水尽之时才能发挥真正的力量

本田宗一郎历尽千辛万苦，终于让制造活塞环的公司——“东海精机”步入正轨，一步步壮大。但二战结束以后，他还是把公司的股份全部卖给了丰田，离开了公司。经过深思熟虑之后，他决定把小型发动机安装在自行车上，开发出一种全新的机动脚踏车，即本田摩托车的雏形。

不是为了掌握新知识而学习，而是先决定好要学什么，再开始行动。这就是本田宗一郎的风格。

据说本田宗一郎在成立本田公司，开始制造摩托车以后，每天都会在早会上喊出“成为世界第一”的口号。

下定这个决心以后，宗一郎为实现自己的目标拼命努力。他不担心自己能否成功，也不抱有侥幸的心态，而是在一开始就告诉自己“我一定要成功”。同时他清楚什么能帮自己实现目标，有针对性地向他人学习，在困境中开发新产品。

> “没有人是因为想要发明才开始发明的。如果有这样的笨蛋，我真想见识一下。要我说，发明是在遇到困难、解决困难的过程中灵光一闪而完成的。人类不仅容易陷入困境，而且不能没有困境。被逼到绝境

时释放出来的力量才是真正的力量。只要我们想做，没有什么是做不到的。”

（同前）

本田宗一郎认为**人类需要困境，只有被逼上绝境才会释放出真正的力量，只要用心没有什么做不到。**

这样坚定的信念还可以影响到他人。

热情所释放出的巨大能量，会不断高涨、快速旋转，并将周围的人卷入漩涡之中。本田宗一郎就有这种推动他人的能力。

在远州（静冈县西部）有一句方言：“做不？”意思是“做给你看”。宗一郎勇于挑战新事物的气概正体现了这种“做不精神”。现在已经有很多人受到了他这股热情的感染。

出生于浜松的古桥广之进因为刷新了游泳的世界纪录，被称为“富士山的飞鱼”。宗一郎表示自己也深受他的影响。同乡的出色表现激发了宗一郎的“做不精神”，使他下定决心把自己的摩托车也变成世界第一。

随时准备就绪，保持积极状态

通过观察一些有能力的经营者，我发现他们就算是在休息和娱乐的时间里，也会让大脑始终保持“准备就绪（ready）”的状态。就算身体休息，意识也从不休息，他们能对事物迅速作出反应，并捕捉到常人无法注意的东西。

二战刚结束不久，本田宗一郎就离开了活塞环公司。因为当时他还没有决定下一步到底该怎么走，所以那段时间他的妻子说他像“什么都不做仙人”，其实他无时无刻不在思考。

有干劲的人，永远保持清醒，时刻准备就绪。他们整装待发，随时可以开始行动。

这种状态是可以慢慢培养的。**只要你能让自己主动地对待每一件事，你就能改变。**

例如，我是如何改造那些行为被动的大学生呢？答案很简单：让他们练习迅速作答。

我会向他们提问：“如果你是一名老师，你如何与当地的机构合作，培养孩子们的写作能力？”

一般被问到这种问题，大概谁都不会有所反应，没人意识到这个问题是在问自己。如果注意不到问题的目标正指向自己，就容易放松大意。

这个时候要求他们在3秒之内作答，一定会让所有人觉得很错愕，就算他们勉强给出答案，内容也是含糊不清的。

接下来继续要求他们："如果3秒之内无法作答，就用15秒来回答问题。15秒内记下两个答案，选择更好的那个进行作答。"

"写好了吧？选好了吧？好，开始回答！"通过学生们的口型，可以马上知道哪些人没有回答。这时迅速指出："那边和那边的同学，没错，就是你们，还没有回答。"

像这样让学生们在15秒以内准备好两个答案，大致记好后，选择一个勇敢地说出来。

只要坚持做这种训练，你就能养成把所有问题都当成是自己的问题、积极思考解决方案的习惯。如此一来，在课堂上的状态也会焕然一新，无论老师什么时候提问，你的意识都是清醒的。

时刻准备就绪的状态能让人意识清醒，反应速度加快，变得干劲十足。

也许有些人认为只有遇到感兴趣的事才会有干劲，但我认为，真正的干劲是随时准备就绪，遇事能迅速反应、马上进入状态。

有些人，虽然年纪轻轻，但心态却十足像个中年人，甚至像80岁的老爷爷。他们对周围的世界畏首畏尾，心胸狭窄地蜷缩在自己的世界里。

我认为探求未知世界，是人生最大的乐事。如果人类放弃或忘记这份快乐，就会停止进步。

（《梦想力》，本田宗一郎著）

每次看到他人消极待事，本田宗一郎都会为其感到可惜。

积极性不是不可改变的性格问题，而是在对待人与社会时的一种身体与心理的状态。

主动地接受感化

难以点燃热情、做事被动的人应当试着多向他人请教，这样有助于提高自身的学习动力。

但如果问题不明确，就难以进行一对一的提问。我建议在此之前，多参加一些“一对多”的公开课。

参加公开课的时候，学习知识与技术不是最为重要的，重要的是要学会倾听，通过倾听激发自己的学习欲望。

听演讲与看书不同，能给人一种更生动的体验。人们在演讲的时候，一般都会火力全开、激情四射。要让自己**被演讲人身上的热情与能量感染。**

比如，听到一个话题，想知道更多的内容，就马上去书店买书；与他人分享自己在公开课中听到的知识；或是马上去实践自己学到的东西。

我并不推荐大家盲目地参与所有类型的公开课，如今有很多只为赚钱的组织。但好在现在也是一个信息交流十分方便的时代，你可以在网上查看评价，也可以通过看推特上的信息避免上当受骗。

现在，学生到外校听课也不再是难事。很多大学相互合作并制定了“学分互换制度”，让学生们能听其他学校的课并取得学分。只要善用这个机会，知识面就会得到进一步的拓展。

所谓学习，就是获得新的知识、新的能力以及新的技术，不断提高自身素质。你会发现在提升自己的过程中，眼前的道路也会越来越宽阔。

适合的人群

●感觉做事没有激情与热情的人

●想要摆脱学历自卑的人

○喜欢倾听的人

○学习目标非常明确的人

○觉得实践比死读书更容易激发学习热情的人

学习启示 No.3

献给爱找借口的你

斯蒂芬·金的“外界屏蔽法”

在学习时做到持之以恒其实很难。

但斯蒂芬·金却可以坚持每天写两千字。

他曾这样评价写作的艰辛：

“写文章就是呕心沥血地

把文字一个一个堆积起来。”

迅速集中注意力的技巧

有些人学习效果不佳，原因不在于他们的方法不对，而是从开始学习到全身心投入学习花费了太长的时间。

只要让学生当堂提交报告，就可以清楚地知道他们进入注意力集中的状态需要花费多长时间。能够做到注意力迅速集中的人虽然可能还没有决定要写什么内容，却可以在一分钟以内开始动笔。他们也许是在打草稿，也许是在记笔记，但你能看到他们安静而迅速地着手完成眼前的任务。

与此同时，你还会看到一些同学望着天花板寻找灵感。他们在想好内容前不会动笔，而是仰着头努力思考。虽然大脑确实在运作，却还是迟迟无法下笔，无法进入状态。

也许你认为这只是两种不同的思考方式，但在处理问题时，能否迅速进入状态至关重要。**如果能迅速集中注意力，就可以在短时间内完成高密度的学习**，如果不能，就会多花两到三倍的时间。

所以工作繁忙、想要尽快取得学习成果的成年人更有必要掌握快速集中注意力的窍门。

注意力不是天生的，只要后天用心锻炼，就能更快速、更专注地进入状态。

想要瞬间引发能量，做到彻底投入、心无旁骛，首先要调整好自己的心态。明确地告诉自己：“我一定要在这段时间内完成这件事”，然后引导自己进入忘我的世界。

斯蒂芬·金在他的著作《写作这回事：创作生涯回忆录》中提到他会按时完成每天的写作任务。这种习惯同样有助于学习进步。

> 我给自己定的目标是每天写10页，也就是2000字。……除非有其他非常紧急的事情，否则不写完两千字，我绝对不会停下来。
>
> （《写作这回事:创作生涯回忆录》，斯蒂芬·金著）

斯蒂芬·金把写作时间定在上午,并作为原则严格执行。就算他是一名作家，也不代表他必须每天不停地写作。他会给自己定一个时间段，然后在高度集中的状态下完成创作。

并且，**不完成每天的目标决不罢休。**

写作是斯蒂芬·金的职业。而对我们来说，学习并不是生活的重心。如果把目标定得太高，反而容易让原有的计划变成一纸空文，但是目标的难度太低，又会使我们无法进步。所以制定目标的时候，既要适当施加压力，又要在我们的能力范围之内。

要保证自己能在一天的某个时段中，心无旁骛、专心致志地学习。

关上门，下决心

斯蒂芬·金向自己发誓：不完成目标，绝不离开书房半步。所以每天他都在紧闭的房门中奋笔疾书。

> 关上门，与外界隔绝。紧闭的房门不仅是在向他人，还是在向自己表明着决心。可以说多亏了这扇紧闭的门，作家才能通过写作随心所欲地说自己想说的话，去自己想去的地方。
>
> 关门前一定要定好当天的目标。和体能训练一样，一开始的目标可以不用定得太高。如果因为定得太高导致无法完成，反而会让人留下遗憾。总之，一天写一千字应该没有问题吧。出于同情之心，来日方长，我决定一周休息一天。不过一周只休息一天，再降低要求就会让人失去干劲和热情。目标达成之前，我发誓绝不开门。接下来，我需要做的就是在纸上、电脑上奋笔疾书。
>
> （同前）

不开门，不接电话，更别想用看电视、玩游戏来消磨时间。拉上窗帘，或是放下百叶窗，把桌子附近容易分心的所有东西全部收拾干净。

但斯蒂芬·金喜欢一边听着音乐一边写作，他最喜欢的就是硬摇滚乐。对于他来说听音乐也是一种“关门”的方式。

彻底屏蔽掉外界，沉浸在自己的世界里。

斯蒂芬·金建立了一个隔绝外界，只属于自己的世界。每当他进入这个世界，就能找回之前的激情，迅速进入写作状态。

> 写作时想把全世界都拒之门外，仅凭写作创造一个只属于自己的世界。作家大抵如此。这种行为就好比是一种创作型睡眠。因为书房与卧室一样，都是做梦的场所。每天我几乎都在同一时间走进书房，并在完成一千字的创作后离开书桌。这样日复一日的行为让我的身体养成习惯，一进入书房就会自动进入“做梦”的状态。
>
> （同前）

每天在同一时间走入书房，关上房门，屏蔽外界，进入写作状态，在完成两千字的目标之前绝不开门。这个习惯一旦养成，以后只要调整好状态，就可以随时进入自己的世界。

①创造一个场景

②与外界隔绝

③沉浸其中

能否养成这个习惯至关重要。

书房是作家做梦的地方。每个人入睡前的习惯都各有不同，有人读书，有人听音乐，有人调整自己的呼吸，有人抱着自己心爱的抱枕。我们暂且把这些习惯称为“入睡装置”。学习与此类似，我们需要**有意识地找到能帮自己集中注意力的装置。**

我们经常把有如天降的灵感闪现称为“缪斯女神的降临”，而斯蒂芬·金认为：“作者的职责是在规定好的时间里，向缪斯汇报自己身在何处、在做什么。”注意力高度集中的状态不会从天而降。我们不能一味等待，要主动作好准备，让缪斯女神能更容易看到我们。

如果我们不能下定决心，就很难与外界彻底断绝联系。手机与邮件让我们可以随时随地与他人取得联系。它们虽然方便，但也容易转移我们的注意力，把我们从注意力集中的状态之中拉出来。

比如，工作之中收到一条短信。这是一条需要马上回复的短信，为了回复这条短信，你不得不开始着手调查一些资料，然后再反复地确认。如此一来，当你回完这条短信，你已经花了30分钟。就算制定了工作计划，还是会因为一些原因不停地往后推迟。

所以在这个时候，你需要**选定一个能与外界彻底隔绝的时间段**。

在既定的时间里，隔绝与外界的一切交流，像斯蒂芬·金那样找一个容易让自己专注的环境，并在一定的时间内完成自己的目标。接下来只需要每天坚持下去，让其变成一种习惯。

与世界隔绝

说到如何屏蔽外界干扰，我有一个好方法，就是去咖啡店。

只要待在家或大学研究室里，各类通知和工作上的委托就会接二连三地找到我。但到了咖啡店就不一样了，我可以把一切琐事关在门外，做到既没有来电也没有访客。我到咖啡店的目的不是为了喝茶，也不是为了聊天，而是为了远离那些会打扰到我的事，我可以安心地把自己“关在”咖啡店里。

如果工作量巨大，并且需要查阅大量的资料时，我还是会选择在研究室完成，但时间有限、事情又需要我马上处理的话，**我会到咖啡店在90分钟之内完成我要做**

的事。

比如写四五页稿子、决定书的结构、阅读校样。这些事我基本上都是在咖啡店里完成的。

这个时候我既不接电话，也不查阅邮件。只要注意力集中，店内的音乐以及客人的声音都不会影响到我。

我有一个一边上班一边准备司法考试的朋友。因为工作原因，他晚上几乎没有学习的时间。于是他就每天提早两个小时，到上班途经的星巴克里学习，最后他成功通过了司法考试。

可见就算时间并不充足，只要能做到全身心地投入，司法考试也不在话下。

无论客观条件如何，首先要**确保一段特定的时间。**

决定好屏蔽干扰的时间段，并在记事本上做好记号，不安排其他事情，并且告诉周围的人，这段时间内自己既不会接电话，也不会回短信。这就是斯蒂芬·金所说的“下定决心”。只要坚持这么做，你的学习意识就会因此得到强化。

这就是“外界屏蔽法”的关键。

适合的人群

- ●难以养成学习习惯的人
- ●喜欢找借口说事情多的人
- ○想做到注意力迅速集中的人

☞ 学习启示 No.4

献给过于认真、容易郁郁寡欢的你

夏目漱石的“个人主义学问”

森鸥外能快速融入海外的环境，
但漱石却曾在伦敦留学生活中遭遇语言的障碍，
陷入负面思维，
终日待在寄宿的房间里闭门不出。
一起来看看漱石是如何彻底摆脱内心的烦闷，
并转化成为正能量的。

并不快乐的英国留学生活

夏目漱石曾先后担任过松山中学的老师与熊本五高的教授。执教生涯开始没多久，他得到了去伦敦留学的机会，成为一名文部省的公费留学生。

当时，才华出众之人都向往出国留学，希望能在欧美学习先进的知识、文化与艺术。在这样一个人们想尽办法希望获得留学机会的时代，漱石的这次机遇可以说是羡煞旁人。可是即便如此，这次留学在漱石的眼里，也只是一次不情不愿的旅程。

漱石当年33岁，已有妻室。虽然努力学习英语并当上了英语老师，但他始终觉得英国文学研究不是自己真正想做的。本来就不擅长与人交往，且患过神经症的漱石在不得不进行异文化交流的环境中痛苦不堪。留学并没有让漱石感到任何兴奋与喜悦。

实际上，漱石确实没能融入当地的生活。从他的《伦敦留学日记》就可以看出他并不快乐，里面写满了抱怨的语句。

最让漱石感到心烦意乱的是房东夫妇等人的态度：明明不懂文学，也从未读过，却装出一副知道的样子。就算是很简单的单词，他们也轻视地问道："你知道这个词吗？"这让漱石觉得，就算自己是东洋人，无法流利地用英语进行对话，也不能因此就被人瞧不起吧！

走在路上，到处都是令人生厌的面孔。就连一个亲切的人都没有。

前天在Brixton买东西，有人跟我说“今天真是一个好天气。”这也算是好天气吗？真想让他们看看日本的蓝天。

（《漱石日记》，平冈敏夫编）

其实就算是走在日本的大街上，也应该很少能碰到特别亲切的人。身材高大、轮廓立体的英国人又难免会给漱石一种装腔作势的错觉，让他觉得受到了冷遇，无所适从。无论是那里的人还是天气，漱石都不喜欢。

虽然被邀请参加茶话会，他也会冒着大雪出门……

真是太浪费时间了。西洋社会太可笑了。这么无聊的社会到底是谁创造出来的？太没意思了。

（同前）

因为漱石无法适应英式社交场所，所以越来越讨厌与人交往。

西洋喜欢浓重，喜欢华丽的事物。看戏剧就能知道。吃东西就能知道。从建筑和装饰就能知道。通过夫妇间亲吻和拥抱的方式就能知道。这些也都反映在文学之中，毫无洒脱的情趣。

（同前）

无论做什么都不开心，甚至觉得英国文学也开始变得索然无味。

漱石越来越觉得自己无法融入英国社会，甚至开始渐渐疏远其他的留学生。他不再写日记，每天待在屋内。

对环境的适应能力·漱石与鸥外

无论在哪个年代，**能否适应当地的环境都是留学生活中重要的一环。**

对漱石来说，令人羡慕的留学生活也是只忧郁而已。半年后，他的神经衰弱症状越来越严重，甚至还有“夏目发疯了”的传言传到日本。

所以，漱石比原定计划更早地收到了回国的命令。

与漱石相反，森鸥外很快就融入了当地的文化，并带头参加各种社交界的交流活动。

鸥外是受了陆军省的指派到德国留学的。这次留学也是他梦寐以求的。

当时只有在帝国大学[①]成绩第一第二的医学学生才有资格成为文部省的公费留学生。鸥外虽然有意争取这个名额，但只考了第八名，没能如愿以偿。后来他进入陆军省成为军医，这才获得了出国留学的机会。

留学后，鸥外迅速和他寄宿的一家人、德国的老师、同僚打成一片，并积极地参加各种社交场合，不断结识新朋友，拓宽自己的人脉。

当时的鸥外还很年轻，只有22岁，加上这次的留学一直是他梦寐以求的，所以他才能积极勇敢地做各种尝试，不断吸收成长，灵活地融入到当地的环境中。

从《舞姬》中我们能看出他甚至还与异国女性谈起了恋爱。《舞姬》的主人公太田丰太郎虽然对女性的态度并不诚实，也谈不上是什么正人君子，但美丽的外国女性爱上日本人这类故事在当时却是非常划时代的尝试。先不谈故事内容的好坏，这样的题材对当时的日本人来说，确实是一大壮举。

鸥外在留学生活中如鱼得水，他以“还有很多需要学习的知识”为由推迟一年回国，足足在德国待了4年才结

① 现在的东京大学。——译者注

束了自己的留学生活。

漱石与鸥外这两位大文豪的留学生活，在很多地方都是完全相反的。

鸥外是能做到入乡随俗的类型，而漱石并不是。

如果一个人无法通过与人交流来缓解烦闷，那么他其实不适合留学。

漱石还曾把自己在伦敦的体验用更细致、更自虐的笔致写信告知正在疗养中的正冈子规。也许只有在写信为子规解闷的时候，漱石的内心才能得到片刻安宁。

彻底换个角度思考问题

漱石虽然精神萎靡、闭门不出，但他并没有就此放弃。

那他还做了什么呢？

答案是**客观分析现状，反省自身。**

对英国本土的英国文学研究者来说，明治时期才开始接触英国文学的日本研究者就如同刚出生不久的婴儿。两者就好比是英超与日职（日本职业足球联赛，简称J. League），水平相差甚远，后者根本不值一提。

虽然在英国文学领域中确实有不少值得尊敬的英国学

者，但漱石作为代表日本的精英，并不认为他们是绝对正确的。

话虽如此，漱石却因为语言障碍无法在讨论核心问题的时候站出来发表自己的看法，因此他一直感觉有一种无形的压力在压着他。只要继续研究英国文学，就不得不被英语母语者牵着鼻子走，但他觉得这样并不合理。

英国人有自己的想法无可厚非，但日本人却喜欢盲目模仿、追求英国人认为好的东西，进而逐渐丧失自己的判断能力。

漱石的内心一直对此抱有质疑。

他在日记中写道：“西洋喜欢浓重……这些也都反映在文学之中，毫无洒脱的情趣。”因为英日两国的风俗与文化是截然不同的，所以对美的认识、对文学的领悟自然也有所不同。漱石渐渐开始觉得并不是只有英国文学才是高高在上的。

既然如此，日本人根本没必要研究英国文学。**漱石渐渐转变思维，决定要用自己的做法，按照自己的标准，用更加“自己本位[①]”的行事方式对待文学。**

① 夏目漱石早期的思想，是一种以尊重他人为前提，充分发挥自身个性的个人主义。——译者注

> 自从想清楚“自己本位”这个词，我就变强大了。遇事也多了一份“管他是谁”的气概。……我开始学会用轻松的心情看待整个阴郁的伦敦。打个比方，这种感觉就像是在苦闷多年以后，终于用自己的铁锹挖到了矿脉一样。
>
> （《我的个人主义》，夏目漱石著）

漱石**通过自省走出阴霾，重新振作，并做到了换个角度思考问题。**

虽然曾一度被偏见、语言上的自卑等负面情绪支配，但漱石最终还是成功摆脱了这些烦恼。正是因为这次“转换”，才成就了漱石日本近代文学之父的声望，其作品至今依旧被交口称赞。

创业的气概

漱石的留学之所以没有失败，是因为他不仅没被孤独感与压力击垮，反而利用它们学会了逆向思维，把这些阴郁的负能量转换成为积极的正能量。

走自己的路，**掌握好自己的节奏**。换句话说，就是要

有“自主创业”的意识。

漱石不愿意对英国文学的老师言听计从，而是想用自己的方式思考文学。这就好比是想开一家只属于自己的小店。

古罗马时期，凯撒与元老院的意见对立，矛盾激化。他留下名言“骰子已掷下”，然后勇渡卢比孔河，向庞培率领的元老院宣战。

多亏了这次英国留学，漱石才做出了凯撒渡卢比孔河式的决断，跨越了文学研究道路上的鸿沟。之后他从一名英国文学的研究者转行成为一位作家，相继写出《我是猫》《哥儿》《后来的事》《心》《明暗》等名作，在文学界大放异彩。

如果一个成年人能抱着“自主创业”的意识学习，那么他将学到截然不同的东西。

比如最近考取MBA、经济学硕士的人越来越多。

他们不仅能够从公司得到留学机会，而且考取MBA还可以获得更好的待遇。如此一来，也会获得更高的年薪，更容易出人头地、成为大型项目的负责人。

这些丰厚的条件势必让人干劲十足，但说起做事热情，这些人远比不上那些因为想要独立开公司而努力学习经营的人。

乐天的董事长兼总经理三木谷浩史就曾在银行工作时

出国留学考取MBA，并在留学过程中计划创业。

那么，如何**实践**留学期间学到的知识?

我认为**一个人在留学中收获的东西，是会随着实践场所的转变而改变的。**

虽然漱石在回国以后重新拿起教鞭，但他后来在高浜虚子的建议下发表了作品《我是猫》，并由此开始了作家的人生。虚子读了漱石写给子规的信后，很喜欢漱石这种轻松潇洒的文笔，于是鼓励他尝试写作。

漱石之所以会写这些信，一是为了安慰友人，二是为了抒发伦敦生活中的郁结。可没想到，正是这些书信，促使漱石走上了作家的道路。如此看来，伦敦留学其实是漱石成为大文豪的必经之路。

适合的人群

●特别认真，容易郁闷的人

●容易因为自卑陷入困境的人

○不愿意随波逐流的人

○想要创业的人

☞ **学习启示 No.5**

献给无法明确目标的你

歌德的“限定法”

歌德不仅擅长绘画、弹琴，
还精通希腊语、拉丁语、希伯来语、
法语、英语与意大利语。
虽然精通多门语言，但他却在写作时
规定自己只能使用德语。
正因为他只专注于一件事，才能做到与众不同。

让自己专注于一件事上

歌德是一个“多才之人”。

他年纪轻轻就凭借畅销小说《少年维特的烦恼》名声

大震，不仅懂诗和戏曲，还在哲学、自然科学以及艺术上颇有造诣。此外，他还作为宫廷顾问在魏玛公国参政，担任宰相一职。

歌德出生在一个富裕的家庭，从小接受英才教育。他特别擅长学习语言，10岁时就习得了希腊语，并在之后相继学会了拉丁语、希伯来语、法语、英语和意大利语。不仅如此，他还擅长绘画和弹钢琴。

歌德的父亲一心想让歌德成为一名政府高官或法学家，于是让他学习法学，但歌德对文学情有独钟，并没有特别认真地学习法律。即便如此，后来他还是成为了一名律师。

如此才华横溢的歌德，晚年这样回忆自己的人生：“最难做到的就是让自己专注于一件事上，断绝其他干扰。”

这句话出自爱克曼的《歌德谈话录》。

爱克曼深受歌德喜爱，他费时9年完成了《歌德谈话录》。书中整理、记载着歌德对文学、艺术以及人生的见解，颇具启示意义。

歌德也曾建议爱克曼要做到术业有专攻，不能像自己那样在非专业领域浪费太多时间。

“我的文学作品屈指可数。其实我应该把更多心思花在自己的本职工作上。”

我们分别时，他说：“如果那个时候我没有把过多的精力花在矿物上，而是合理地安排时间，现在可能已经得到了最美的钻石首饰。”

他的朋友迈耶毕生都致力于美术研究，被认为是该领域最有鉴赏力的学者。歌德因此非常尊敬、赞赏他。

（《歌德谈话录》，爱克曼著）

喜欢研究矿物与收集石头的歌德用这种开玩笑的方式告诉了我们专一的重要性。

年少无知的错误

“专注于一件事，断绝其他干扰”是什么意思呢？

起因是曾有一个年轻人写信给歌德，表示想帮他完成《浮士德》这部作品，希望他能告诉自己第二部的创作计划。年轻人认为自己可以继承歌德的精神写出《浮士德》。他的傲慢无礼与愚昧无知令爱克曼吃惊不已。

> 就算我这辈子遇到准备成为拿破仑继承者、企图征服世界的人，和完全没有经验就想要建造科隆主教座堂的建筑师，也不会比遇到这个年轻人更让我感到吃惊。这名文学青年比他们都要狂妄与可笑。他沉浸在自己的妄想之中，认为只要有干劲，就能写出《浮士德》第二部。
>
> （同前）

爱克曼认为很多事情只有经过长年累月的努力、不断积累经验才能做好，但有些人却妄想他们天生就具备某种才能，能省去繁琐的步骤、一步登天。现在也有很多年轻人有这种“妄想癖”。无论是哪个年代，幼稚的人都是轻率莽撞的。

歌德这样说道：

> “大家都不愿意多花时间去阅读那些与自己方向相同的文学作品，也不追求在文学上有新的领悟，而是着急地写出千篇一律的东西。……他们只在乎如何才能写出名作，如何才能名震天下。这种错误的努力随处可见。”
>
> （同前）

妄想一夜成功的背后，有着希望被人追捧，希望受到世界认可的、强烈的自我展示欲。无论是在文学上还是在艺术上，内心一旦形成了这种意识，就会觉得走向成熟所需的努力都是浪费时间的。

但实际上，想在某个特定的领域“开窍”，每个阶段的努力都是必不可少的。

为此，我们有必要多接触一些前人的优秀作品。

认为自己也能做到，并因此对某个领域抱有兴趣这件事本身不是一件坏事。我也觉得就应该这样。优秀的作品看多了，鉴赏能力自然也就提高了。想要知道如何才能让自己的作品有朝一日与这些优秀作品比肩，就应该尽量多看多读。

但需要注意的是，你的目的不是复制前人的优秀作品，而是要让自己有所领悟。

先想清楚自己是否有那个耐心、才能、勇气，能否在达到大师水准之前一直坚持下去。确定了这个答案以后再下决心也不迟。

“即使是年轻的画家，如果过早接触了像拉斐尔这类巨匠的作品，就很可能再也无法拿起画笔了。”

（同前）

歌德说他自己就是这样的。他在年轻的时候曾尝试过造型艺术，也留下过很多素描作品。因为歌德在艺术方面的感觉很敏锐，所以起初他认为自己是前途无量的。

但自从他在意大利旅游时亲眼目睹了拉斐尔的作品，就彻底丧失了绘画的欲望。他说："在视野拓宽了的同时，最为重要的能力却随之消失了。"

歌德在放弃了绘画以后，就开始单纯以一个欣赏者的身份去欣赏优秀作品。

眼观六路、行为专一

爱克曼通过与歌德对话这样分析道："必须严格区分洞察力与行动力。"

> 虽然歌德一直是眼观六路耳听八方的，但他在行动时只会给自己限定一个方向。他专心投入于一件事直到成为一名大师。其实这件事说的就是用德语写作。不过歌德作品的选材之丰富并不在这次讨论的范围之中。
>
> （同前）

歌德虽然兴趣广泛，但他在“用德语写作”这个行为上非常专一，并且一直把德语写作视为自己的赛场。

刚刚介绍过，歌德精通多门语言。虽然他在意大利旅游时会使用意大利语，甚至还做过翻译，但他向外界传达时基本上只用德语。其他语言都只是帮他获取周边信息、洞察身边事物的工具。

德语并不是特别浪漫的语言，一般被认为只适合用于医学论述，不适合用于文学表述。如果想在欧洲获取更多的读者，用英语或法语进行创作更好。

歌德对英国文学的评价非常高，他曾建议爱克曼：“如果有时间做别的工作，还不如去研究英国文学。”他还说过：“希腊语比什么都要重要。”

即便如此，歌德在写作的时候坚持只用德语。

可以说，是歌德和路德为现代德语打下了坚实的基础，因此歌德还被称为近代德语之父。

> “人们都希望自己能同时掌握多种能力。这听起来不错，但人类天生没有这个本领。所以我们必须让自己成为某一个领域中特别的存在。”
>
> （同前）

为了加强对自身专业知识的学习，**锻炼洞察力的时候，切记不能限制范围**。如果只了解本专业的知识，就很容易片面地看待问题。

作为个体“行动”的时候，要学会限定一个方向，让自己在这条路上与众不同。

适合的人群

●什么都想尝试的人

●虽然有自信，但却不喜欢努力的人

○喜欢找捷径的人

学习启示 No.6

献给一个人提不起干劲的你

吉田松阴的“相互学习法”

名师吉田松阴以飞耳长目为目标，
凭借满腔热血和旺盛的好学心感化众人。
他能把监狱变成教室，并引导人们相互学习。
他这种能让人自发产生学习欲望的教育方式，
就发源于监狱。

不由自主的冲动

在幕末变革期影响了众多长州志士的吉田松阴是一个什么都想看、什么都想知道、什么都想学习的求知欲特别旺盛的实践型学者。

他从小成长在山鹿派的兵学世家，五岁时因养父去世，继承了吉田家。年仅九岁就在一所名为“明伦馆”的藩校里向年长的藩士传授兵法。很快，从小接受英才教育、年轻有为的松阴就引起了藩主的注意。后来他甚至得到了为藩主上课的机会。

他不仅对书本抱有强烈的求知欲，还喜欢用自己的眼睛、耳朵、双脚去检验所学到的知识。问题不彻底弄清楚，他就觉得浑身不自在。正如司马辽太郎在《栖世之日》中所描写的那样，他从九州到东北旅行，不断丰富着自己的见闻。

离开九州后，松阴前往各地的山鹿派学校学习。在江户游学期间，他在佐久间象山老师的门下学习。听说码头有黑船[①]，就火急火燎地赶去一睹为快。因为他关注日本东北地区的海防，所以在通关许可证还没有寄到的情况下，不惜成为浪人也要前往东北进行考察。他之所以会如此蛮干，都源于他的求知欲。

当培理[②]的船第二次驶到日本的时候，松阴曾乘着小船偷偷潜入黑船。就算法律明令禁止，他也想用自己的双

① 江户时代末期来自美国、俄国以及欧洲的蒸汽船。——译者注

② 马修·卡尔布莱斯·培理，美国海军将领，因率领黑船打开锁国时期的日本国门而闻名于世。——译者注

眼亲眼看一看美国。虽然松阴恳求对方带自己去美国，但对方还是以不能公然带偷渡者返航为由拒绝了松阴。

明知这么做会遭到逮捕，受到处罚，他还是按耐不住自己。他从下田被押送至江户的监狱，途径泉岳寺的时候作诗一曲：

> 义无反顾终不悔，矢志不渝大和魂。
>
> （《幽囚录》）

不仅赤穗义士[①]是这样，松阴觉得自己也有同样的精神。

松阴就是一个这样怀着坚定信念的“狂”人。明知有更理智的选择，但却不那样做。**他身上那股“欲罢不能”的热情与能量，有一种感召的力量，能不断影响周围的人。**

学富五车的松阴不是单纯地教学，**而是为知识注入生命，让学生能学到生活必需的知识。**他就是一位这样的思想家、教育家。

---

① 日本元禄十五年十二月十四日（1703年1月30日），原赤穗藩的47名家臣攻入江户本所吉良上野介宅邸，为主君浅野长矩复仇，史称四十七士。——编者注

把监狱变成私塾

在乘坐黑船偷渡的计划落空后，松阴选择自首。后来他被从江户押送到萩町的一所名叫“野山狱”的监狱里。

收押士族[①]的监狱管理并不严格，这让松阴能够自由地看书学习。

因为有十来个人比松阴更早入狱，所以初来乍到二十多岁的松阴一开始并没有受到尊重。后来松阴把自己看到的世界以及日本的现状热心地讲给大家听，并告诉大家学习的重要性。久而久之，大家都对他刮目相看，并逐渐对他敞开心扉。

在监狱讲《孟子》的时候，松阴会把书中的教导联系到现实，并教大家把学到的知识活用到现实生活中去。他在监狱里一共讲了34回《孟子》，出狱后他继续宣讲，还把所有上课的内容整理出来，编成《讲孟余话》。

讲解古典著作时，他不单停留在解释古文的含义，而是站在世界的角度看日本，用《孟子》中的话告诉学生应该如何去做，这种教学方式让学生们个个兴致勃勃。不知

---

① 明治维新时期的一个族群，地位在平民之上、华族之下。——译者注

不觉之中，松阴在监狱里开起了“野山狱私塾”，**为入狱的犯人传道授业解惑**。松阴所到之处，都是学习的场所。

后来不仅是被关在监狱里的犯人，就连狱吏和守卫都加入了学习的行列。

监狱里还有一名女囚。虽然有一种说法说这位女性是对松阴来说非常重要的人，但在女性无法进入私塾接受教育的当时，这一让男女接受同等教育的开明之举意义深远。

松阴不仅是老师还是学生。他认为擅长俳句的人、擅长书法的人都可以成为老师。这个时候，他就会变成学生中的一个，虚心学习。**每个人都会发挥自己的长项，轮流当老师，相互学习。**

“松下村塾”后来承袭了这一传统。

松下村塾式教育的出发点就在野山狱时代。

受到周围气氛的感染

松阴出狱后，被禁止外出。

很多人前去拜访正在幽居的松阴，希望能接受他的教导。因为家里就是传授兵法的私塾，所以自从松阴回到家中，私塾的学生就越来越多。后来由于太过拥挤，松阴还对私塾进行了扩建。松下村塾也是在松阴的管理下，才开始扬名天下的。

那时只有武士才能在藩校学习，所以大家听说就是那个大名鼎鼎、曾在藩校讲学过的松阴老师，都慕名而来，想在松阴的门下学习。在松下村塾，无论地位高低、年纪长幼，都可以学到实践性的知识。

从久坂玄瑞、高杉晋作到伊藤博文、山县有朋、品川弥二郎、前原一诚，很多幕末改革时期的名人都是他的学生。

后来松阴再次入狱，于29岁在安政大狱中早逝。虽然松阴只在松下村塾教了两年书，但却有着极为深远的感召力和影响力。

与野山狱时期一样，只要有能力就能担任老师，每个人都能平等地讨论问题，但因为学生们的年龄和实力都不同，所以无法上同样的课程，接受同样的教育。那里不仅有只在私塾学习过写字与算盘的学生，还有学识较高的学生。

为此，松阴按照每个学生的特点为他们量身指定教科书，并让学生先试用一段时间，再判断教科书是否合适。可以说当时松阴采用的是一对一的个人指导。

不过松阴并没有严格地管理学生，而是给他们足够的自由。白天有工作的人可以在工作结束以后再来学习。私塾的学生也可以介绍自己的朋友来上课。

可以说是来者不拒，去者不留。

松下村塾里的每个人都是自由的，他们在强烈学习欲望的驱使下，即便无人强迫，也会主动学习。而**这种学习欲望也不是强迫自己得来的，更像是一登上由吉田松阴掌舵的船，就会被周围浓厚的学习氛围所感染**。松下村塾就是这样一所私塾。

没有干劲的人缺少什么？

据说高杉晋作在遇到松阴之前，也找不到学习的意义。

他虽然去念了藩校，但是因为没有干劲迟迟无法升级。其实就是考试不及格。后来他经人介绍来到松下村塾，才在这里发现了学习的乐趣。他的父亲认为松阴是被剥夺了士籍的罪人，禁止他去松下村塾，可是他仍然会在晚上瞒着父亲偷偷去上课。

松阴是通过表扬晋作的幼时密友久坂玄瑞，来激励晋作发愤图强的。虽然松阴主张不强迫学生、不管理学生，但他认为应该适当严厉地教导那些无法产生学习欲望的学生，帮助他们建立竞争意识。

那些没有干劲、无法点燃学习热情的人非常需要一个帮助他们摆脱这种状态的人。那些不明白“我为什么要学习”、认为“学习很麻烦，一点意思都没有”的学生所需要的正是一位热情洋溢的老师。

那么，这些没有干劲的人到底缺少的是什么呢？

他们缺少的绝不是“快学习！快学习！”的催促声，而是遇到**一个能把学习当成节日，并让他们从学习中感受到快乐的人。**

而且这个人必须抱着某种使命感，并**为了完成使命不断努力奋斗，这样他才能用自己的实际行动感化他人，**让人觉得“我也想试一试。”

高杉晋作就是这样被感化，变得可以积极主动地学习。

“相互学习法”能促进学习热情

现在有越来越多的实业家会因为想与同行交流，而选择参加学习会。我认为积极地与讲师交流固然很好，但是**学习会的精髓在于参与者的“相互学习”**。今天由十分了解这方面内容的人担任讲师，下次是其他人，讲师每次都会变，由大家轮流担任。

这么做的好处就在于一个人在讲课或者想教授给他人知识的时候，注意力会高度集中。

我曾旁听过一节采用了“相互学习法”的小学课堂。

知道答案的小学生会说：“我知道！”不懂的则会围在他的身边问道：“可以教教我们吗？”

求教的孩子们也很严格，他们会提出“你这么讲我听不懂”“再讲得详细一点嘛”之类的要求。学习者不再被动，他们和老师是平等的。

如此一来，无论是讲课的一方，还是听课的一方，学习意识都有显著的提高。

就算是在小学，课堂氛围也会因为相互学习的意识发生明显的变化。

向他人传授知识的同时，自身的学习热情也会无形中高涨。

有些在学习中容易遇到的困难，也会因为同伴的加入迎刃而解。

我喜欢通过对话加强记忆，所以我常利用这一点，把朋友拉来跟我一起进行“对话式学习”，这也是相互学习法中的一种。

这种方法很适合想锻炼英语口语或正在准备资格证考试的人。

松阴曾说过：

> **立志是一切的出发点。其次是择友而交，贯彻自己的想法。最后就是阅读书籍，思考、学习古今圣贤的教导。**
>
> （《野山狱文稿》）

这是永恒不变的基本原则。

以“飞耳长目”为目标

日语有个词叫**“飞耳长目”**。

它的意思是洽闻博见，即**有卓越的观察力和情报收集能力**。松阴想成为这样的人，而且他希望他的学生也都能做到这一点。

松阴不断接触外界的各种事物，把自己的见闻记录下来编成《飞耳长目录》，并把这本书做成私塾的课本。就算后来松阴没办法到处走动，也会把学生写信告诉他的见闻全部记录下来。

“飞耳长目”的本领在今后也会变得越来越有必要。

最近，日本的年轻人有宅在家里、不愿意走出国门了解世界的倾向，出国留学的热潮逐渐冷却下来。就连就职的公司有留学制度，还是会有很多大学生以“不想去”为由离开公司。

这么做实在是太可惜了。无论在家里通过何种手段获得了多么丰富的信息，也不足以帮你确定自己的方向。只有当你用自己的身体真正感受过外面的世界，你才能独立思考、作出判断。

比如，就算你通过网络充分了解了一个叫南非的国家，这些知识也不是真正属于你的。如果你去现场看过世界杯，就会发现自己感受到的东西和电视上报道的很不一样。没有亲身感受过，就无法自己思考、评价事物。之所以说不出自己的意见，是因为并没有亲身感受过。

获得了诺贝尔化学奖的美国普渡大学特别教授根岸英一也发现日本留学生相对较少这一现象，于是积极地鼓励年轻人多到海外看一看。如果这个呼吁被曾经想要偷渡的松阴听到，那他肯定第一个响应。

真正的情报收集是无法在家里完成的，它需要人们去实地考察，并用心去感受与铭记。

抱着敬仰、寻求感化

感化不是一个单方面的行为，接受方的意识同样是非常关键的一环。如果接受方一直抱着冷漠的态度，是无法接受到对方的感化能量的。

如果有幸遇到了能够影响你的人，你可以在不违反社会规则，即不给对方添麻烦的前提下，怀着敬仰之情寻求对方的指导。

政治社会学专业的栗原彬老师就曾经很大程度感化过我。栗原老师虽然是立教大学的教授，但是曾在我读研期间来东京大学讲过课。栗原老师会让我们每周熟读一本他指定的书，然后针对其中的内容做演讲。虽然这种形式很让人吃不消，但却很适合我。

后来我有幸在市民大学协助栗原老师讲课。每次在回家的电车上我们都会交谈，这令我感到受益匪浅。每当我提出一个问题，老师就会向我推荐一本书。然后我会马上开始阅读这本书，并在向老师汇报完心得后继续寻找下一个问题。那段时间我觉得自己干劲十足，一本接一本地看书。

在一次回家的路上，我说："老师，因为我有太多想看的书，所以不知从何看起。"老师就鼓励我说："是啊，需要我们阅读的书实在是太多了，真是活多久都觉得不够呢。怎么可能会因无聊而无事可做呢。只要在阅读的过程中培养自己对知识的好奇心，那么一辈子都不会觉得无聊。”

是栗原老师教会我：**只要主动接受他人的影响，一切都会变得更加有趣。**

社会上，工作交际里，一定有能影响你的人。

你可以像这样直率地对你的部长说出自己的敬仰之情：“我非常敬重您。我觉得只要和您一起工作，就会充满动力。”争取和这位部长一起参加企划会议的机会，让自己接受影响，不断激发自己的潜能。

适合的人群

●做事没有激情的人

●一个人提不起干劲的人

○好奇心旺盛，想要到处走走、到处看看的人

○一懂得新知识就想马上告诉他人的人

学习启示 No.7 ☜

献给做事容易找借口的你

福泽谕吉的适塾式“切磋学习法”

是荷兰语帮助谕吉找到了人生转折点。

他在注重实力的适塾学习荷兰语，

成为一名兰学讲师，并感受到了学习英语的必要性。

后来他留洋赴美，有机会接触到西方文明。

可以说荷兰语是他文明开化思想的原点。

那么他是如何学习荷兰语的呢？

同学们的自主学习场所

前面说到的“松下村塾”，是一个接受老师感化的学习场所。那么与之对比鲜明的就是江户末期开设在大阪的名塾“适塾”。

它是一所由精通荷兰医术的绪方洪庵一手创办的兰学塾。在当时，想要了解西方的知识，就必须先学习荷兰语，所以前去求学的学生并不只局限于学医之人，适塾也因此门庭若市、盛极一时。

适塾的特点就是**学生们会自发地开展活动、相互切磋、相互学习**。

从作为兰医开店到成为幕府御医的24年间，洪庵一直都在适塾从事教育工作。话虽如此，因为他身为医生工作非常繁忙，所以很少直接参与教学。适塾的方针就是**新生们在前辈的指导下，自主地进行学习**。就连考试和升级都是由学生们自己判断的。

以福泽谕吉、桥本左内、大村益次郎、大鸟圭介、佐野常民为首，有数以千计的学生出身适塾。

一入门，新生们就会得到一本荷兰语的语法书，并在高年级学生的指导下学习基础知识。新生只有在一开始才能得到前辈细致的讲解，之后就要全凭自己的实力进行自学。

当时并不是人手一本字典的时代。适塾内有一个“通布小屋”，里面存放着一套名为《通布字典》的荷兰语字典抄本。因为只有到这里才能查到字典，所以房间里总是站满了人，想查一个单词并不容易。

荷兰语的学习从初级到最高级，一共有七八个级别。此外，适塾还设有塾监和塾长。

适塾每个月定期举行六次考试，考试形式为读书会的阅读讨论形式。

每个人通过抽签决定需要阅读的部分。如果能正确解读自己抽到的部分，就可以得到一个“○”，不能则得到“●”。如果能做到十分流利地阅读，就可以获得一个“△”。其优异程度相当于“○”的三倍。

将在月末统计每个人的成绩，如果总成绩能连续三个月名列前茅，就可以升高一级。

虽然适塾的竞争非常激烈，但竞争的目的不在于打败对方，而是不断提高自己的实力。每个人都在和自己作战，认真学习。

根据谕吉的回忆，平时多么懒惰的人，都会在考试前夜彻夜不眠地学习。

适塾的二楼是学生们住宿的地方，主要由几个30叠[①]大的房间构成。大家都在这里一起生活与学习。因为都在同一个大房间里生活，所以没有私人的空间，天气热

---

① 日本计量房间的面积单位，一叠即一块榻榻米的大小，合约1.62平方米。——译者注

的时候大家也都会赤裸上身。每个人的努力程度自然也都一目了然。适塾里的学生就是在这种环境中相互切磋、相互学习的。

谕吉的“永不言败”

福泽谕吉出生于中津藩一个下级武士的家庭，他一直十分反对封建的身份制度。

在哥哥的建议下谕吉开始学习兰学。因为中津还没有懂兰学的人，所以他的哥哥对他说：“你去试试吧。”

> 其实我之所以会来长崎，并不是为了学习兰学，而是因为我觉得中津的乡下实在是太无聊了。无论是学文还是学武，只要能从中津走出来，我就很高兴了。所以离开家乡的时候，我没有半点留念。我至今都还记得，当时我心想：谁愿意待在这种地方啊，走了以后我就再也不会回来了。然后我怀着激动愉快的心情，加快步伐，把家乡远远甩在了身后。
>
> （《福翁自传》，福泽谕吉著）

谕吉为了能走向更宽广的世界，什么都愿意一试。他对哥哥说："无论是外语还是其他什么的，我都愿意学。"**越是这样有气概的人，越会在学习中有所收获。**

到长崎后，谕吉在医学生的指导下学习兰学入门知识。当时他内心对这种方式深表怀疑："这样真的会有所提高吗？"他暗下决心，一定要好好学习，有朝一日要教对方兰学。

之后他去了大阪，作为一名走读生在声名远扬的适塾里学习，但因为得了伤寒，再加上哥哥的去世，他不得不中断了学业。后来再次回到适塾，他住进了二楼的寝室，潜心学习，这才渐渐崭露头角。

谕吉非常喜欢这里不看身份只看实力，只要愿意付出就有收获的机制。后来他还当上了适塾的塾长。

有趣的是，在谕吉当上塾长以后，适塾里来了一名新学生，让他觉得十分眼熟。仔细一想，竟然是当年在长崎教他兰学入门知识的医学生。有朝一日反过来教对方学习兰学的野心就在这样的不经意间实现了。

> 不到三四年的功夫，对方成为我的师弟，当时年少无知的野心成为现实。虽觉得不应与他人讲，也无需刻意谈起，但内心仍觉喜不自胜。独饮美酒，

> 自鸣得意。
>
> （同前）

虽然谕吉像讲笑话一样说起这件事，但是**年少无知的野心有时也能成为进步的动力。**

苦中作乐

那么，谕吉是怎么学习的呢？

> 傍晚时分如有美酒，小饮后戌时睡下。醒后大概十点左右。起身读书直到天亮。早晨厨房开始有煮饭的声音，伴随着这个声音再次入睡。饭做好时起床，去澡堂洗澡。随后回到适塾吃早饭，然后继续读书。在绪方的适塾里，大抵如此。
>
> （同前）

就算离下次考试还有一段时间，学生们仍会非常刻苦地学习，偶尔才会休息一下。谕吉曾说道，在学习热情这一方面，没有地方能超过适塾。

> 大家每天不分昼夜、不辞辛苦地阅读复杂的原文书籍，乐在其中。这么说虽然有些自相矛盾，但只要仔细感受学生们的真实想法，就能知道他们是发自内心感到快乐的。……学生们处在苦中有乐，苦即是乐的环境中，因为有难度，所以有趣。
>
> （同前）

虽然辛苦，但也是快乐的。专注于某件事本身就能令人感到快乐。在这个过程中我们得不到表扬，也不能马上收获回报。要说起我们为什么还愿意如此辛苦地学习，其实只是因为身心愉悦，仅此而已。

“同一屋檐下”产生的学习干劲与羁绊

也许十几个充满活力的年轻男子聚在一起很难做到品行端正，但会发生很多有趣的事。

谕吉曾说：“适塾的特产，就是学生们身上的虱子。”可见那里的学生多么没有卫生观念。

因为夏天炎热，大家都会脱光衣服。谕吉也曾赤裸地从洪庵老师的妻子面前一闪而过，此后他一直为此感到非常不好意思。

适塾的学习法就是**在同一片屋檐下生活，吃一样的饭，彼此赤裸，坦诚相待，挤在一个小房间里，为更高的目标共同奋斗的“切磋学习法”。**

如果一个人在自己的一段青春中，遇到了一群志同道合的朋友，并和他们一起挤在一个小空间里拼命地学习，那么这些经历必将成为他一生的财富。不难想象，谕吉在适塾的生活，为他在之后开设庆应义塾[①]提供了很多参考。

我也曾参加过学习集训。

在我还是学生的时候，曾有一种叫“学生村”的地方，专门接收想在暑假学习的学生。我去的是长野县小海线上的小海町。普通民家会在夏季变成民宿，屋里准备着桌子、台灯和寝具。他们一天提供三餐，让人能专心致志地在屋内学习两三周。

我是在备考大学的时候去的。那里还有一些参加国家医学考试或司法考试的人。虽然大家的年龄与参加的考试

---

①　位于日本东京的庆应义塾大学，是日本最古老的私立综合大学。在最容易成为上市公司社长的日本大学毕业生排名中，庆大常年雄踞第一，因此它还被称为“企业家的摇篮”。——译者注

各不相同，但是想在夏天集中精力学习的目的是一样的。大家在一起学习，相互激励。

有时为了转换心情，我们也会劳逸结合，比如相约在小学校园里打棒球，到瀑布潭跳水或者在夜晚放烟花。

因为那次的经历很开心，所以即使在我考上大学以后，偶尔也会带上一堆书再次回到那里。

现在规模较大的补习学校都会在暑假组织一次四到五天的学习集训。这是因为**同吃同住、相互勉励、共同学习的环境，更容易激发参与者的学习干劲。**

不仅如此，还能帮助人尽快适应人际关系。现在有很多不在单间就睡不着，或无法和别人一起泡澡的人。熟悉、适应他人以后，就可以掌握适应社会的能力，这是一个人学习所无法做到的。

我也为自己的学生组织过集训，集训结束以后能看到学生们的凝聚力有明显的提高。他们开始有了强烈的同伴意识，甚至还有人会在毕业典礼上号啕大哭。这看似是一种适合年轻人的“青春学习法”，但其实成年人尝试过这种方法以后，也会有很多不同的感触。集训学习法确实能唤起人们沉睡已久的热情。

适合的人群

●容易找借口放松对自己要求的人

●想要习惯与他人相处的人

○想要增强自身实力的人

○想要提高团队凝聚力的人

学习启示 No.8 ☜

献给缺少精神支柱的你

涩泽荣一的“古典学习法”

如今，涩泽写的《论语与算盘》
重新获得人们的关注。
在一个普遍认为“商人地位最为卑贱”的时代里，
这位近代实业大家是如何想到把《论语》的教诲
用于商业中的呢?

把《论语》作为内心支柱

涩泽荣一当过一桥家的家臣，也当过幕臣。明治维新后他在大藏省任职，并为日本的金融体制鞠躬尽瘁。明治六年（1873年）他弃官从商，开始了实业道路。他曾这样说道：

> 在刚转型成为一名商人的时候，我突然发觉自己以后要开始依靠微薄利润生活下去了。这让我开始思考该如何坚守自己的志向。于是我想起了前段时间阅读的《论语》。《论语》是教人们如何在日常生活中修身养性、与人交往的。而且它的教诲是最没有纰漏的。所以我想，是否能把《论语》运用到生意中呢？
>
> （《论语与算盘》，涩泽荣一著）

涩泽出身农家，从小就学习过《论语》，这让他遇事就会想起《论语》。如果把这些“修身养性、与人交往”的教诲运用到其他事情上，是否可行呢？

这是非常划时代的想法。因为当时日本认为**《论语》中的教导与经济活动完全就是对立的。**

“武士不能经商”的思想代代相传，直至江户时代。因为《论语》中的思想与不能追名逐利的武士道思想十分相似，所以《论语》也是规范武士内心的准则。江户时代，人们普遍认为商人的地位最为卑贱。当时还有一个体现各行各业地位的说法，叫做“士农工商[1]”。“商”之所以会

① 即武士、农民、手艺人、商人。——译者注

排在最后，是因为商人不劳而获，他们自己不生产，却利用他人生产出来的东西赚钱，所以最为卑贱。

在涩泽决心向实业发展的时候，平日里与他交好的官僚同伴对他说：“不远的将来你很有可能成为长官或大臣，为何禁不住金钱的诱惑，作践自己成为商人。你应该继续当官为国效力。”

对此，涩泽坚定地反驳道：

> 我将毕生贯彻《论语》中的教诲。为何从商就是卑贱的？我对他说：“如果金钱真如你所说，是卑贱之物，那么国家如何运作？官位大、荣誉高的人未必就是尊贵的。工作是不分高低贵贱的，值得尊重的工作到处都是。《论语》中很多地方都告诉我们，不是只有当官的人才是高贵的。”我认为《论语》是最没有瑕疵的一本书，所以当时我下定决心要以《论语》中的教诲为准则，从今以后弃官从商，至死不悔。这是发生在明治六年五月的事情。
>
> 经济活动并不卑微。如果不能转变思想，日本永远无法成为近代国家。我将毕生贯彻《论语》中的教诲……
>
> （同前）

涩泽把《论语》作为自己内心的支柱、信念的核心，重新学习，不断领悟。

经济与道德相协调

涩泽曾在幕府末期到明治维新这段时间，受德川昭武（庆喜的弟弟）之命周游欧洲各国，学习外国股份公司的构成。他认为西洋的系统中虽然有很多值得研究、学习的地方，但东洋固有的做法中也有很多不能舍弃的地方，所以决不能只是单纯地复制西方经验。

其中最让人难以割舍的就是东洋的思考方式和儒学的教诲。

过去，《论语》一直都是武士们的行动准则，但其实只是朱子学的学者将其复杂化了。涩泽认为**《论语》记载的都是具有普遍价值的实用型教诲。孔子宣扬的精神具有普遍性，适用于每个人。**

涩泽又发现，越深入了解《论语》，就越能确信《论语》同样适用于经济活动。**经济活动与孔子的教诲并不是互不相容的，反而是应该相互融合的。**

而且在融合的过程中绝不能忘记道德的重要性。

错的不是金钱，而是在处理金钱问题时忘记了道德的标杆。

只要在经营时注重《论语》宣扬的仁义道德，就不会轻易被一己私欲所束缚。经营的诀窍就在于坚守《论语》精神，让“经济与道德相协调”。

如果忽略经济与道德的相互协调，日本就会迷失自己前进的方向。

> 如果实业家都一心只在乎自己的利益与欲望，只管自己获益，不顾对社会的影响，那么这个社会只会变得越来越不健全，令人厌恶的危险思想也会逐渐蔓延开来。
>
> （同前）

这就是现代社会的缩影。

人们把“经营服务大众、让社会变得更美好”的思想抛在脑后，一味地追逐私利，并用资本主义就是盈利的一套为自己开脱，使经济活动渐渐开始违背人伦道德。

企业违规所引起的案件、问题时有发生，企业经营的正当性也因此被打上问号。

是涩泽荣一起草了银行法，建立了银行这样的金融机构。他深知在经济活动中信誉非常重要。金融世界，诚信第一，如果没有诚信，银行就无法经营下去。

涩泽早就为此敲响警钟。现在有很多银行、企业深陷信用危机，这才让大家重新关注涩泽的《论语与算盘》。

把前人的知识当成精神支柱

把《论语》作为精神支柱就是把它的内容铭记于心，无论在任何时候都能想起书中出现过的语句。

除了《论语与算盘》，涩泽还编写了《论语讲义》。它的内容详细而又丰富，足有七本之多。他熟读《论语》，听人讲课，经常把书中的句子挂在嘴边，遇到任何问题都喜欢在《论语》中寻求帮助。

要学会拉近自己与书本的距离，用书中的知识解决自身的问题。

吉田松阴在野山狱和松下村塾向学生们传授《孟子》的时候，就联系自身解读《孟子》，让其变得贴近生活。后来大家确实发现自己平常关注的问题，都能在《孟子》里找到答案。

将书本与自身联系起来，这也是一门技术。不能看过一遍，大致懂了就觉得大功告成了。还必须要让其中的道理从字里行间跳出来，用到自己的生活中去。平日里要多培养这种思维习惯。

在大学上课的时候，我曾让学生引用《论语》回答问题。

题目是：如果你是一名教师，正在组织一次年级学习活动。请结合《论语》中的句子向同学们介绍自己的亲身体验。时间为三分钟。

做完这个练习后，大家明显感觉自己与《论语》之间的距离一下子拉近了。很多学生通过联系自身体验，感受到了其语言的力量，也有人觉得自己的内心越来越强大了。

“你们也有点感受到《论语》的精髓了，希望这能够成为你们精神上的骨架的一部分。”

如果能坚持反复练习，把骨头一根根收集起来，总有一天能完成整个骨架。

不只是涩泽，很多经营者都非常推崇《论语》。

比如和民[1]的董事长渡边美树就经常谈到《论语》。他说自己经常躺在床上随意地翻看《论语》。虽然没有抱着要将书中的道理用在工作中这一目的看书，但每当在工作

① 日本料理连锁店。——译者注

中遇到严峻问题，就会想到《论语》。孔子的话总能为他想解决的问题提供参考，所以他把《论语》当做自己的行动指南。

像他这种有精神支柱的人，内心总会特别强大。因为他**把孔子的精神当做自己的后盾，**所以在每次**做决断的关键时刻，《论语》总能在背后支持他，帮他下定决心。**

把古典当成内心支柱的好处就在于此。它是在一贯的哲学思想下被创作出来的，其中的教诲能应对各种情况，还能保护个人的精神。

我也在不久前试着翻译了《论语》(《现代语〈论语〉》)，也深切地感受到了里面满载能够成为现代人生活之鉴的语句。

2500年以来，孔子思想的人气经久不衰，为人所称赞。要是放在现在，他的追随者的数量绝对是无人能及的。

在此基础上，还有涩泽荣一的大力推荐。涩泽一生中参与和创建的企业有将近五百个，可以说是既有经验又有业绩。连涩泽都认为应该把《论语》作为经营的信念，就更不会有错了。

有些人认为自己的信念不借鉴任何先人的知识，而是通过切身的经验得到的，这样的人真的强大吗？

这些人很容易受到客观环境、心情的影响，他们在社会繁荣时欢喜，反之则叹息。没有桅杆的船无法远航。有些人有着绝不会动摇的信心，这样是好的，但并非人人如此。只要能**在古代典籍中找到依靠**，就可以让自己的人生不再迷茫。

适合的人群

●缺少精神支柱的人

●决断时容易冲动的人

○想找到坚定原则的人

○想要创业的人

☞ 学习启示 No.9

献给叛逆心强的你

香奈儿的“对镜观察法”

香奈儿的交际范围很广，
她与毕加索、让·谷克多和斯特拉文斯基都有交情。
但她时刻都在审视自己，
并用直面自己的仪式，
帮自己打破常识，找到灵感。

“泯灭天使”香奈儿

香奈儿是改变了20世纪女性时尚界的革命家。

在此之前的女性形象都像《窈窕淑女》中的奥黛丽·赫本那样，穿着紧身胸衣勒紧腰身的裙子，戴着羽毛装饰品的帽子。是香奈儿颠覆了这一形象，设计出更具时尚感、女性更容易活动的衣服。

香奈儿重新定义时尚，让巴黎高级时装店成为过去。

所以她被称为“泯灭天使”。

此外，她还谈过很多场华丽的恋爱。这也许也是她被叫做“泯灭天使”的原因之一。

即便她已经逝世四十余年，她的人物传记仍在不停地被出版，想为其拍摄传记电影的声音也是层出不穷。为何一个人气时尚品牌的创始人，会如此受到人们喜爱呢?

首先，她确实对女性具有非常深远的影响。其次，她的性格直率、行动冲动、绯闻不断。而且这些绯闻大多亦真亦假，很多真相至今仍然无从得知。也许捉摸不透就是香奈儿的魅力所在。

在众多人物传记中，有一本书深入解读了令人捉摸不透的香奈儿，名叫《香奈儿的态度》(保罗·莫朗著)。虽然这本书的出版年代已经有些久远了，但是为我寻找香奈儿的学习启示提供了很多参考。

比如，文中有这样的叙述：

> 香奈儿虽然为人处事并不圆滑，但她商业感觉非常精准，做事干脆利落，名言佳句如放烟花一般接连

不断，说话时口若悬河，制定策略时巧妙灵活，送礼时又有种高高在上、给人一记耳光的感觉。她曾这样打电话说道：“那个威尼斯风格的黑人雕刻就送给你了，以后别再来烦我了。”

大概是少女时代悲惨的经历造就了现在的香奈儿。

具体说起香奈儿的“不圆滑”，应该是“喜欢给人带去痛苦、喜欢给一切事物定罪、心高气傲、严厉、毫不留情地讽刺他人、易怒的破坏者、对人对事忽冷忽热、始终烦恼着的独裁者……”的集合。（同前）

但她的性格并不是分裂的。她的人格有一个核心的部分且具有一贯性，即使交友广泛，也能始终作为一个独立的个体保持自身特点。

“少女时代悲惨的经历”，是指她在孤儿院长大的身世，但她**不认为自己生长的环境都是负面的**，反而利用这种经历让自己破茧成蝶。正因为她能做到**化解逆境，才能创造前所未有、与众不同的美。**

打破常识的想法——不掩饰缺点

说起香奈儿品牌的特征，大家都会想到黑色。香奈儿认为女性不应该根据颜色选择服饰，她提倡时尚的黑色基调。

她之所以会这么做，还是因为儿时的经历。她从小生活在孤儿院和修道院的寄宿学校，只能穿黑色或白色的衣服。一般有过这种童年经历的女孩，成年后会在穿着方面随心所欲地选择自己喜欢的颜色，但是香奈儿没有这么做。

逆境中创造顺境。正因为她比任何人都了解黑、白之美，所以她决心要把这种美展示给那些穿着可笑的女性们。

但是心高气傲的香奈儿，不会把自己的过去轻易地告诉他人。她的过去众说纷纭，没人知道哪些是真实的，哪些是捏造的。她的人物传记虽然一直都在出版，但就连作者也不敢确定自己写的是否属实。

据说香奈儿很爱阅读，她会为自己喜欢的书包上黑色或米色的装饰书皮，并将它们整齐地摆在一起，她不能忍受书架上一片五颜六色的样子。

香奈儿说：**“女人只有学会自律，才有资格得到属于自己的一切。”**

“重视自律”，也是在孤儿院和修道院学到的。

她并不是想要破坏所有已经存在的事物，而是遵从自己内心的准则。

香奈儿不主张用紧身胸衣勒出女性的身材，她认为应该利用裙子本身的线条展示女性柔和的曲线。她的原则就是，打破男性赋予女性的传统形象，做摆脱所谓上流社会束缚的女性。

她说：“是我解救了那些身穿紧身胸衣、华丽的蕾丝礼服，肉体却无比痛苦的女性们。”

她摆脱了女性服饰应使用丝绸的传统观念，大胆使用粗花呢、针织面料。还制作了女款西装，让那些活跃在工作场合的女性也能随时保持优雅。不仅如此，第一个为衣服安上口袋的也是香奈儿。现在模特们都会把手插在口袋里走秀，这些看似理所应当的行为，也是始于香奈儿的创意。

不掩饰缺点，反而应该把最美丽的地方藏起来。这就是香奈儿理论。

> 很多人不懂缺点也是一种魅力，所以挖空心思地想要掩饰缺点。但其实，只要善于利用缺点，一切皆有可能。同时，掩饰也是一种美德，你要让对方知道你有所掩饰，却又捉摸不透。
>
> （同前）

比如，香奈儿最引以为傲的就是自己的一头黑发，但她却故意将其剪短。在当时，剪短发意味着抛弃女性的身份，断发行为难免有些过激，无法让人马上接受。但奇妙的是，短发的造型却在无形之中渐渐深入人心，五年后香奈儿式短发开始风靡一时。

又或是把昂贵的毛皮放在外套的内侧，刻意让人无法从外面看到。这样做反而给人一种更有品位、更奢华的感觉。

正因为香奈儿有自己独特的准则，才能接二连三地打破常识，在时尚界掀起一阵新的旋风。

在一流的人际关系中得到的众多启示

香奈儿的人脉关系也相当豪华。

在交际名媛米西亚的沙龙里，香奈儿结识了毕加索、萨尔瓦多·达利、让·谷克多、斯特拉文斯基和佳吉列夫等天才艺术家。香奈儿也在与这些艺术家的相处中，得到了很多启示。

有时她也会从正在交往的对象中获得灵感。

比如，被认为是香奈儿最爱的人——阿瑟·卡佩尔。

正因为有他，香奈儿才学习起了英国绅士西装的选材与剪裁。

> 以前我只有植鞣羊皮的外套和一些寒酸的衣服。
>
> 阿瑟·卡佩尔对我说：“既然你这么喜欢这些衣服，不如去英国人的西装店看看，学习如何把衣服做得更优雅。”正因为有他的这番话，才有了康明街上的“香奈儿时尚”。
>
> （同前）

恋人无意间的一句话，让她做出了优雅、结实、舒适的香奈儿西装。

香奈儿与威斯敏斯特公爵的恋情是最受世人关注的。公爵送给香奈儿的昂贵宝石让她突发奇想，设计出使用了大颗人造宝石的珠宝饰品。她还在观看斯特拉文斯基的芭蕾舞表演时，从观众身上捕捉时尚的走向。而“香奈儿5号香水”的创作灵感，是在与德米特里·巴甫洛维奇大公的交往中得到的。

香奈儿的吸收能力令人叹为惊止，但她不会向能激发她创作灵感的对象献媚，而是作为一个独立的个体，带着香奈儿式的任性，有些强势地与对方接触。**因为她感性、**

创造力丰富，所以能很快捕捉到隐性知识[①]。她通过自身将得到的启发转化成为最有创意的想法，然后用最领先的潮流表达出来。

与当代一流的人才的交往，对香奈儿来说不仅快乐，还能从中得到宝贵建议。

不难想象，香奈儿出色的吸收力、突发奇想的创造力，以及当时的女性所缺少的自立都生动地呈现在男性们的眼中，让她变得魅力四射。

关键词“镜子”

虽然香奈儿的朋友很多，但她依旧重视阅读，不忘审视自己。她从不喝酒狂欢到清晨，一到时间就马上回到家中。

我最亲密的朋友就是书。如果收音机是满口谎言

---

① 波兰尼认为人类的知识有两种。通常被描述为知识的，即以书面文字、图表和数学公式加以表述的，只是一种类型的知识。而未被表述的知识，比如在做某事的过程中得到的知识，是另一种知识。他把前者称为显性知识，而将后者称为隐性知识。——译者注

的盒子，那么书就是宝物。就算是再差的书，也能在其中找到一些有价值的东西。……你能在书中学会受益匪浅的道理，也能在书中发现很多人类不可思议的地方。

（同前）

香奈儿有两个原则，**有规律的生活与在孤单中审视自己的精神。**

因为香奈儿是在相当恶劣的环境中成长的，所以她由内而外散发着孤独感。

我敢说就算香奈儿出生在现在这个时代，也不会与朋友发短信到深夜、沉迷于网络、不间断地获取外部的消息。

她有一个习惯就是对着镜子客观地审视自己。

镜子是非常严厉的，它能把我自身的严格反射回来。在我与镜子对抗的那个瞬间，镜子向我诉说着我的为人。眼光精准、有能力、乐天派、激烈、现实派、斗士、幽默诙谐、生性多疑、一个法国女人。那时，我看到一个女人，孤身一人的可怜女人。

（同前）

凝视镜子能帮香奈儿找回自我，帮她客观地看待自己。

看镜子的时候，**不能只看到自己的容貌与装扮，而是要对着镜子思考自己到底是一个什么样的人。**一边注视着镜子，一边思考答案，通过镜子找到那个独一无二的自己。

照镜子能让我们重新认清自我、充分克制自我、不断激励自我，进而找到打破陈规的方法。香奈儿就是从镜中找到了自我，认清了自我存在的价值。

孤单的时候，学会面对自己。通过人际交往寻找灵感虽然重要，但还要给自己一段安静的时间用来看书、审视自己。这样才能静下心思考，冷静地接受外界的刺激。

在现在这个可以随时随地与外界保持联系的时代，香奈儿的自我面对法将越来越重要。

适合的人群

●叛逆心强、任性的人

●容易随波逐流、迷失自我的人

○不愿亦步亦趋的人

○希望能够更依靠直觉，更具创造力的人

学习启示 No.10

献给希望每天能有规律、按计划学习的你

木田元的“外语背诵学习法”

翻译过多本哲学书籍的
木田元老师的方法是“外语背诵学习法”。
他凭借自己超强的记忆力，
用常人无法想象的速度学习。
他到底是如何做到的呢?

用记忆力学习语言

哲学家木田元老师在他的著作《没能成为黑市商人的哲学家》中介绍了自己的学习经历。其中关于学习语言的部分既详细又有趣，在这里向大家介绍一下。

木田老师在进入大学后第一年学习了德语，第二年学习了希腊语，第三年学习了拉丁语，后来又在考上研究生后的第一年里集中学习了法语。他之所以能迅速掌握这么多种语言，诀窍就在于背诵。

> 四月份入学以后，我马上开始学习德语。因为不能花费过多的时间，所以我先是买了一本很薄的教科书，花了一周左右的时间记住了语法的大概框架。带着顺便预习的目的，我用康德的《纯粹理性批判》进行练习，把书中出现的生词全部背下来。之后我选择了更难更厚的关口在男的《新德语语法教程》，坚持每天自学一课。除此之外，练习题和单词都不能落下。
>
> （同前）

木田老师是在准备英语考试的时候掌握了自己独特的学习方法。

书中（同前）还写道：有一本写得很好的英语参考书，“只要把里面出现的单词全部记住，就能掌握六千个单词”。

考大学的时候，木田老师同样把世界史和哲学史的参考书全部背诵下来。他认为**背诵的诀窍，就是“不断重复”**。木田老师之所以能成功是因为他把背诵当成自己的“绝技”，**把背诵学习法当做自己的“制胜球”拟定战略。**

4—6月的“外语学习月”

关于如何背单词，书中这样写道：

比如每天记四页单词，看日文翻译写出英文单词，错了就标上记号，之后再写一次，直到全部记住。第二天先预习第一天的内容，然后按照第一天的方法再背四页。第三天复习八页，再背四页。同一个单词连续背三天以后，基本不会再错了。连续背诵五天以后就可以不用再背了。像这样不停地滚动式背诵。

不能间断，必须坚持每天练习。因为也许你还能记住昨天的单词，但是前天的就不一定还记得了。单词背了又忘，很容易影响人的心情，进而让人想要放弃。但是要记住，任何人背五遍以后都能记住。就算是记忆力不好的人，也可以用这个方法把单词背下来，只是可能需要花更多的时间，但只要每天坚持，背单词也会开始变得有趣，不再令人痛苦。

（同前）

这虽然是木田老师背诵英语单词的方法，但同样适用于背诵德语单词。

每年新学期一开始，木田老师就会把4月1日到6月30日这3个月定为“外语学习月”，每天坚持8个小时的外语学习。

> 学习语法，记住名词与动词的变化，做希腊语翻译成英语、英语翻译成希腊语的练习。因为练习的文章都很短，所以我会把它们全部背下来，并把出现过的单词全部整理在本子上，用之前提到的方法背诵。
>
> （同前）

做完这些，大概要花8个小时。除此之外，还需要为哲学研讨会做准备。所以木田老师每天光是学习就需要花十五六个小时。

> 语法学习一直持续到6月底，在那之后的整个夏天和秋天，我都会先准备好一本希腊语或拉丁语的书籍、一本字典以及该书的译著，然后手不释卷地阅读。学习希腊语时我阅读了《苏格拉底的申辩》，学拉丁语的时候我又选择了凯撒的《高卢战记》。
>
> （同前）

木田老师认为，只要能读懂几本这样的原著书籍，就基本上掌握该门语言了。

等真正有干劲时再学习也不迟

为什么木田老师能如此干劲十足，用如此快的速度学习呢？

答案就在木田老师的这句话里：**“虽然我是在20岁以后才发现自己想学哲学的，不过好在我是在真正想要学习以后才考的大学。”**

据说木田老师自从遇到了陀思妥耶夫斯基，就彻底沉迷进去了。他阅读了陀思妥耶夫斯基的所有作品，看了很多陀思妥耶夫斯基论与注解，并在阅读的过程中逐渐对哲学产生了浓厚的兴趣。

> 那个时候我就像彻底变了一个人。看着那些刚刚从高中毕业、整天无所事事的同学，我感到很烦躁。……虽然事后想起来有些不好意思，因为当时的我觉得学习很快乐，有种好不容易找到了人生目标的感觉。所以我认为等真正有了干劲、真正想要学习

以后再考大学比较好。

（同前）

因为有强烈的学习欲望，外语学习又很有必要，木田老师才会如此废寝忘食地学习外语。

其实木田老师在考上大学之前，经常思考关于绝望的问题，并十分推崇《存在与时间》这部哲学著作。其作者是深受克尔凯郭尔与陀思妥耶夫斯基影响的海德格尔。在他看来，只要读了这本书，就能找到自己之所以会绝望的答案。

但是他最终发现，**学习外语才是有助于精神安定的良药**。对此他这样写道：

每天花七八个小时严格按照计划学习外语，让我觉得自己越来越有能力。从这个角度来说，外语学习确实有助于精神安定。坂口安吾在他早期的短篇《学习记》中也提到通过学习巴利语和藏语治疗精神衰弱的方式。我的经历再次佐证了这一论断，外语学习的确对精神健康有好处。

（同前）

至于坂口安吾的精神安定法，我们下一节再做具体的介绍。

适合的人群

○希望每天能有规律、按计划学习的人

○希望培养自己短时间阅读能力的人

○学习中有必要阅读原作的人

○记忆力好的人

学习启示 No.11 ☜

献给焦虑不安、内心苦闷的你

坂口安吾的“翻字典断绝妄想学习法”

由于过度专注于研究印度哲学，
安吾的内心痛苦不堪，并常常陷入妄想之中。
于是他选择不停地翻动字典，
让自己埋头于多门外语的学习之中。
这么做的目的不是为了学好外语，
而是为了调整自己的精神状态。

看得见学习成果的外语学习

安吾在短篇小说《学习记》里用嘲讽的口吻讲述了一个印度哲学系男大学生艰难学习梵语、巴利语与藏语的故事。

> 梵语与巴利语确实很难。之前听说法语难，光是动词的变形就有九十几种，但和梵语比起来简直就是小儿科。……
>
> 梵语的名词和形容词的变形更任性。每一个词都随意变化，毫无规律。
>
> （同前）

文中这样描述男主人公阅读梵语书《胜王瑜伽》与其英译本的情况：花了半年的时间，只看到第一页的第五行。如果连续翻六七个小时的字典能查到一个单词就应该谢天谢地了。

就算如此，学习梵语都比学习藏语简单。因为藏语的“每一个单词的变化都是没有规律的”（同前），所以更让人感觉毫无头绪。

先不管学习梵语与藏语到底有多难，你一定很在意男主人公为什么要学这些语言吧？

虽然学习梵语与藏语都非常麻烦而且耗费体力，为了搞清楚一个单词甚至需要花很长时间，**但只要坚持下去**，无论进展多么缓慢**总会有收获**。

不停翻动字典，成为翻译机器

坂口安吾在考入东洋大学印度哲学系以后，因为过度专注于钻研哲学问题，曾一度有些精神失常，迷失自我。他这样回忆那个时候：

> 21岁的时候，我曾患上精神衰弱症。那个时候听力下降，肌肉无力。棒球扔不过10米，就连1米的水沟也跳不过去。……
>
> 之后我甚至开始不由自主地陷入妄想之中。我想如果专注于解题，应该就没有功夫妄想了，所以最初我选择了数学。但是马上就遇到了问题——没有老师，只看书根本看不懂。后来我又发现如果是学习语言，那么只要有老师教授入门知识，之后的学习并不会特别困难。于是我又开始学习法语、拉丁语、梵语等课程。由于我对一件事物只有三分钟热度，因此我选择同时学习多门语言，即便对其中一种语言失去了兴趣，还能换另一种来学。总之，我每天只要醒着，就会像奔赴战场一般不停地翻字典、看语法。我也是凭借这个方法才征服病魔的。
>
> （《我的精神周围》，《坂口安吾全集7》）

一开始安吾觉得解题应该有助于缓解自己的妄想症，所以选择挑战数学，但后来由于无法自学，他又把精力放在了学习自主性高并且容易找到老师的语言学上。

由此可见，《学习记》应该是他根据自身的外语学习经验创作出来的。

在他的其他小说中，还有对学习方法的详细介绍。

> 因为我相信只要能成功抑制住妄想症，就能治好自己的病。所以只要一睁开眼睛，我就开始废寝忘食地学外语、翻字典。我同时学习法语、梵语、巴利语与德语等多种语言，如同一个机器一般，不遗余力、夜以继日、全神贯注地翻字典。除此之外，我什么都不想。没错，不能想，不能想。
>
> （《小山羊记录》，《坂口安吾全集7》）

这种行为与其说是在学外语，不如说是在进行一场修行。

安吾的作战计划就是**只要醒着，就不停地翻动字典，埋头于寻找词语解释的工作中。通过这个行为，阻止自己胡思乱想，继续迷失。**

安吾还写道，虽然在这种精神状态之下，连查字典的效率也不及平时的十分之一。“但多亏了这个方法，我才能成功阻止自己继续陷入妄想之中。在大概一年半以后我就找回了曾经的状态。”

强化特技，消除杂念

语言是一种工具。学习语言的本来目的不在于要把这门语言说得多好，而应该是学会以后用它来做什么事情。可能是为了看懂该语言的书籍，也可能是为了用该语言和他人交流。

只要事先问清楚自己“为什么而学”，学习时就不容易迷失目标、产生动摇。有些学习经常会学到一半就不知道自己是为什么了，但外语学习很少会这样。

此外，外语学习还是学无止境的。无论再怎么学，都无法彻底掌握。

这与体育运动的基础训练非常类似，就算不停地练习俯卧撑、锻炼腹肌、坚持跑步，把身体练得如何强壮，也不一定就能打好网球。但是只要坚持训练，比赛时在体能方面就绝不会输给对手。

如果状态不佳，与其纠结是自己的姿势或其他问题，还不如专心锻炼体能。这样更有可能打破僵局。

我觉得安吾的方法与这类似。从“不遗余力、夜以继日、全神贯注地翻字典”“我什么都不想。没错，不能想，不能想”这些话中就可以看出。

如果你不小心陷入思考的迷宫，为一些本质问题所苦恼而不知如何是好时，不妨放下眼前的难题，把注意力转移到外语学习上。

从学习基础语法、背单词到看懂文章的意思，一步步提升自己。只要把自己的全部精力花在基础练习上，你就没有时间再去管那些烦扰你的杂念了。

学习外语绝对不能半途而废，像前面木田老师说的那样，**只要每天严格按照计划坚持下去，就能看到成果。正是由于目标实现起来有难度，反而能让人静下心来调整自己的精神状态。**

一个翻译家同事说，翻译最基本的就是要事先定好每天翻译的页数，然后按部就班地完成今日目标，推进翻译进度。**不能因为今天状态好就多翻译一些，明天心情不好就休息一天，而是要像散步那样持之以恒。**翻译不是无中生有，文章就在面前，定量完成才是上策。

通过学习语言调整精神状态，我想这将成为语言学习的最新功效。

适合的人群

●容易焦虑不安、内心苦闷的人

●想学习却不知道学什么的人

○想要明确看到自己正在进步的人

○想挑战高难度外语的人

☞ 学习启示 No.12

献给不曾为学习着迷的你

谢里曼的“追求冒险学习法”

谢里曼从小就坚信：
特洛伊不是传说，
而是真实存在过的。
对古代史抱有美好幻想的谢里曼，
在学习掌握了多门外语，
并通过创业积累了巨大的财富后，
用自己独特的方法找到了梦寐已久的世界。

追求冒险的道路

发现了特洛伊遗迹的谢里曼，曾通过朗读、背诵的方法掌握了十几种语言。本节我想将谢里曼对特洛伊的热情介绍给大家。

自从小时候读了儿童版的世界史，谢里曼就坚信**特洛伊是真实存在过的**。这是谢里曼发现特洛伊的第一步。虽然世人都说特洛伊只是一个传说，但是谢里曼依然不放弃心中的梦想。他坚信特洛伊绝对存在过，并下定决心："我一定要让它重见天日。"

可惜事与愿违，青年时期的谢里曼为了生活，成为一名学徒，开始没日没夜地工作。

后来，他依靠自己天生的语言天赋，掌握了一门又一门的外语，并成为生意场中的佼佼者。

作为商人取得成功、收获巨大财富以后，他更加坚定了儿时对特洛伊的憧憬。于是，他开始学习古代史，并投入个人财产展开挖掘工作。

当时并没有确凿证据证明传说中的特洛伊确实存在。谢里曼之所以会这么做，只是因为儿时对特洛伊的憧憬已经渐渐变成一种对冒险的追求。虽然他阅读了很多相关的书籍，但是支撑他继续开展挖掘工作的还是那颗向往传说的心，以及那份外行人才有的执着。

值得一提的是**谢里曼虽然不是考古方面的专家，但还是获得了重大发现。**

也许有人批评他因为不专业的挖掘方法破坏了遗迹，或者认为他找到的根本就不是特洛伊，但是我认为埋在历史长河中的真相，只会出现在矢志不渝、满腔热情的人的面前。**只有信念坚定的人才能收获成功。**

谢里曼在《对古代的热情——谢里曼自传》中这样说道：

> 我的要求非常简单。我并不是想找到什么造型艺术品，我挖掘的唯一目的，就是找到特洛伊。关于特洛伊可能存在于什么地方众说纷纭，甚至已有数百名学者分别发表了各自的著作，但至今还没有人付诸行动去佐证这些说法。

事实证明特洛伊遗迹真的存在，是谢里曼找到了它。

虽然谢里曼的行为有些莽撞，但追求冒险、勇于探索的他比那些墨守成规的学者更为有力地推进了遗迹的发现。这也缘于他作为商界成功人士特有的为达目的、不惜一切的行动力。

以叙事诗的描写作为依据

谢里曼细致解读了荷马的叙事诗《伊利亚特》与《奥德赛》，然后前往诗里的主要地点，通过现在的地形想象它们曾经的样子。

当时考古学家并没有把《伊利亚特》中的诗句放在心上，认为那只是诗人的空想。但《伊利亚特》对小时候的谢里曼来说，却是如同圣经一般的存在。他在脑海里想象诗中的景象，并以此为依据锁定区域。

谢里曼认为特洛伊应该是在靠近海岸的地方，而考古学家大致估计的遗迹地点都离大海太远了。

就这样，谢里曼通过《伊利亚特》里的描述、与大海的距离、山丘的形状，得出了特洛伊就在希沙利克的结论，并在那里展开挖掘工作。

他站在与考古学家完全不同的角度上，用外行人才有的视角对遗迹的发掘进行摸索。

他把专家们认为没有价值的古代诗词作为依据，用铁铲让《伊利亚特》中的世界重见天日，这就是谢里曼的挖掘风格。

鲁道夫·菲尔绍在为谢里曼的自传写序时说道：

谢里曼是否从一个正确的方向展开调查这个问题，现在已经毫无意义。事实不仅证明他是正确的，还证明了他的调查方法也是正确的。也许是他过于大胆，或者说是过于任性。也许是那首千年古诗中描绘的画面蛊惑了他的心，让他沉醉其中。这是他性格上的缺点，但这个缺点却又孕育了他的成功。除非是有着坚定，不，应该是狂热信仰的人，否则，谁会花这么多年策划这种浩大的工程，投入如此巨额的个人资产，在漫无边际的废墟上无休止地挖掘呢？如果只有空想，没有实际行动，那个燃烧殆尽的城市现在还安静地沉睡在地底深处。

（同前）

谢里曼就像一个傻瓜一样相信着特洛伊的传说，相信着如同童话故事一般的古诗词。他的行为看似痴心妄想，却用前所未有的视角让真相渐渐浮出水面。这是业余爱好者才有的崭新的视角与冒险情怀。

半路出家的强大

偶尔会听说业余的天文爱好者发现了新的星体，或者喜欢虫子、蝴蝶的人发现了新物种这类事例。这样的人往往有着常人没有的视角。如果一直抱着“这不可能”“不可能在这种地方”的思想进行研究，即使这些想法再理所应当，也很难有所发现。比起严格按照专业手法进行研究的人，有着独特方法的外行人更容易找到全新的切入点。

谢里曼的这种研究方法，只有人生阅历较为丰富的成年人才能付诸实践。

如果光有满腔热情没有资金，也只能是纸上谈兵。只有像谢里曼那样怀揣着梦想，事业有成，有能够自由支配的充足资本，才能将梦想转变为现实。

一门心思做学问不是成功唯一的方法。半路出家、自成一派的人同样能收获成功。

江户后期作为测量家名声大震的伊能忠敬，原本是继承家业的酿酒商。在50岁的时候，他把掌管家族产业的位置让给后辈，开始了隐居的生活。隐居之后他学习起测量和天文知识，并制定了徒步测量全日本、画出日本地图的宏伟计划。只有具备足够坚定的信念，才可能完成“用走路测量全国”这个有些令人晕眩的目标。

适合的人群

●从不曾为学习而着迷的人

●曾放弃过梦想的人

○想为更大的冒险赌上一回的人

○想放弃经商，去其他领域打拼的人

学习启示 No.13

献给无法突破自我的人

佐伯祐三的“激情点燃法”

佐伯祐三如愿以偿来到巴黎，
并得到了让弗拉曼克点评作品的机会。
不料却只得到大师严厉的批评。
此后，佐伯决心找到自己的风格。
要怎么画才能画出自己的风格呢？
佐伯费尽心思摸索，
终于在巴黎找到答案。

佐伯祐三被弗拉曼克狠批

佐伯祐三于大正二年（1923年）毕业于东京美术学校

（现在的东京艺术大学）。毕业后，年仅25岁的他远赴法国，在朋友——著名画家里见胜藏的介绍下，有幸能让大师莫里斯·德·弗拉曼克为自己的作品《裸妇》点评一二。可是没想到弗拉芒克给出的竟是“学院派！”“里见，你给我看这种画干什么？”等毫不留情的负面评价（《佐伯祐三在巴黎》朝日晃／野见山晓治著）。他还说：“里见，你的画风虽然还有一些我的影子，但至少不是学院派的。可是你的朋友……”（同前）

正统学校教授的中规中矩的画风，对有着野兽派倾向的弗拉曼克来说是俗不可耐的，所以在弗拉曼克的眼中，佐伯祐三这种优等生的画，自然也是索然无趣的。

这次机会是佐伯多次拜托里见才得来的，听到如此严苛的评价，个中滋味可想而知。其实里见早就预见到弗拉曼克会给出这样的评价，他之所以还会把佐伯的画拿给弗拉曼克看，是因为想给到巴黎以后就一直处于参观游览状态的佐伯一针强心剂。

果不其然，这些**严厉的评价反而成为佐伯开始蜕变的契机。**

他开始明白如果没有自己独特的风格，搞不清楚自己到底想画什么、怎么画，是绝对不可能成名的。

在思考什么样的主题（描绘的对象）最能触动自己的

过程中，他第一次感受到自己内心散发出来的创作欲望与热情。

就算漂洋过海来到了艺术之都巴黎，但如果佐伯祐三没有遇到弗拉曼克，就不会开始直面自己的画风，也不会知道什么才是自己真正想画的。正因为有弗拉曼克的批评，才让佐伯开始蜕变。

被人否定的确是一件非常痛苦、难堪的事情，但只有被直截了当地指出问题，才能激发自身的热情。**容易蜷缩在狭小世界中的人，更应该试着拿出勇气被彻底地否定一回。**如果不这样做，就永远无法突破自我束缚。

不断接受外界的刺激

我想佐伯当时肯定是大受打击的。

但是他并没有选择逃避，而是不断摸索自己的画风，甚至还多次与里见一同拜访弗拉曼克。

在佐伯的努力下，弗拉曼克对他的画有了新的评价：

> 虽然还缺乏质感，但是对色彩的把握非常到位。
>
> （同前）

这是一幅明显受到弗拉曼克影响的风景画。听到弗拉曼克这样说，连里见都松了一口气。后来弗拉曼克又交给佐伯一个素描任务。

> 场景是白布上摆一个白盘子，并且在一旁放上方糖和鸡蛋。画出来的糖要与盐、雪有所区别。
>
> （同前）

此后，欣赏佐伯的作品，就能发现他对白色物体质感的把握有了明显的进步。

是弗拉曼克的强烈否定点燃了佐伯的热情，唤醒了沉睡在他心中的那份狂野。虽然佐伯早就坚定了作为画家生活下去的信念，但这还是第一次让他产生了“你等着瞧”的叛逆心。被否定的经历转化为动力，推动他继续前行。

但每个人的情况不同，不是所有人都能像佐伯这样。有些人会因为内心的创伤变得意志消沉，失去动力。

比如有的大学生，他们不喜欢严词厉色的老师。这种学生不会来上我的课，而是会选择更温柔一些的老师。我们彼此井水不犯河水。来我课堂的学生大多是不服输、遭到当头棒喝还能奋发图强的人。不是说哪种更好，这只是适不适合的问题。

与“巴黎石壁”的邂逅

佐伯一边摸索着如何表现自己，一边激情澎湃地画着巴黎的风景。

后来他渐渐地被郁特里罗的作品所吸引。在一次郁特里罗的个人画展中，他被郁特里罗所描绘的巴黎街道和石壁所启发，开始描绘起巴黎残破不堪的街头。他的风景画中开始出现破旧的广告版、残缺的海报和一些分不清字画，充满杂驳痕迹的风景。他就像是被附身了一般，痴迷地、不停地作画。

在巴黎生活了大约两年后，佐伯因为身体状况出现问题，加上资金吃紧，不得不返回日本。回国后，他作为西洋画画家在日本崭露头角。虽然广受好评，但佐伯还是闷闷不乐。因为描绘日本一排排整齐划一的木制建筑，让他觉得浑身不自在。无论怎么画都不满意，总觉得哪里不对。

所以他在身体还没有完全康复的情况下，再次回到巴黎继续描绘石头砌成的充满厚重感的街道。也许他就是在这个时期，**发现自己的绘画风格就在这里，就在这巴黎的街头、巴黎的石壁之中。**

遗憾的是，这次离开日本，佐伯就再也没能回来。年仅30岁的他在法国走完了其短暂的一生。虽然他作为画家活跃的时间并不长，但**他找到了属于自己的创作风格，并因此扬名后世。**

不畏惧外界的批评

佐伯祐三的生活方式能给我们什么样的学习启示呢？

首先，不能害怕外界的刺激。只有在与人交往的过程中受到强烈的刺激，才能激发人的干劲，让人抱着“一定要让所有人认可”的信念不断努力。

不要因为害怕批评，害怕受伤就蜷缩在自己的世界里，而是要珍惜每一次邂逅，并从中寻找启发。

那些不甘于现状，想要蜕变重生的人，特别适合这种“困境突破法”。

其次，不仅要站在自己的角度看待问题，还要试着走出来，换个角度思考问题。如果佐伯没有回国，而是一直呆在巴黎，那他还会感觉到幸福吗？虽然他在巴黎的那段时间里创作热情高涨，画出了很多优秀的作品，但是他并没有意识到自己的创作风格已经确立。正因为这次回国，他才深刻感觉到：“只能用油画描绘木造建筑的地方，不是属于我的世界。”

回到巴黎，他重新审视了自己的作品。他说："如果下次再回国，就试试日本画吧。这样能让我的作品更丰富、更完整。"我想佐伯祐三的例子也能给那些因为害怕改变现状而困于井底的人们一些指导。

适合的人群

●觉得无法突破自我的人

○内心坚强，能接受批评与刺激的人

○想要在艺术领域确立自己风格的人

学习启示 No.14

献给容易陷入专业领域，困于狭小世界的你

爱因斯坦的“张弛有度学习法”

“如果没成为物理学家，我现在应该是个音乐家吧。”
“我人生中的大部分喜悦都来自小提琴。”
爱因斯坦通过享受音乐调节内心的平衡。

音乐与工作的互补

爱因斯坦认为弹钢琴和拉小提琴给他的人生带去了很多快乐。

旅游时他一定会随身携带一把小提琴，用来打发漫长而又无聊的海上旅程。在旅游目的地举办的欢迎会上，他也会用小提琴的演奏代替演讲。

只要一有机会他就想与人合奏一曲。据说他在拜访卓别林的时候，也曾与卓别林一起合奏过小提琴。

他曾收到过一封信，信中问他“音乐与他的工作完全处于不同的领域，音乐活动是否会影响到他的工作？”他是这样回信的：

> 音乐并不影响我的研究。可以说两者处于同一条名为憧憬的源泉中，相互弥补给我慰藉。
>
> （《爱因斯坦谈人生》，
>
> 海伦·杜卡斯 / 巴纳希·霍夫曼编）

除此之外，关于“对于爱因斯坦来说，人生意味着什么”这个问题，他在采访中是这样回答的：

> 如果没成为物理学家，我现在应该是个音乐家吧。我经常在音乐中思考。
>
> 我在音乐中做白日梦，通过音乐的视角审视自己的人生。……我人生中的大部分喜悦都来自小提琴。
>
> （《新爱因斯坦语录》，艾丽斯·卡拉普赖斯编）

对于爱因斯坦来说，音乐是能与工作互补的人生伴侣。

研究的时候耗尽脑力，放下工作就彻底放空自己，把身体交给音乐，用音乐释放内心的疲惫。**通过音乐调节工作强度，让身心进入一个良好的循环。**

博士喜爱的音乐

爱因斯坦的母亲保利娜擅长弹钢琴。他的家庭氛围非常轻松快乐，每次家里来客人，他母亲都会弹奏钢琴为大家伴奏。爱因斯坦从小也是弹着家里那架钢琴长大的吧。

> 6岁时，他在母亲的建议下开始学习拉小提琴。他这样回忆那段并不怎么快乐的时期：
>
> 我从6岁到14岁一直在学习小提琴。但那位老师一点都不和蔼，而且认为音乐都是需要机械式练习的。直到13岁爱上莫扎特的奏鸣曲，我才真正开始喜欢上音乐。
>
> （同前）

爱因斯坦对看着琴谱机械式的练习不感兴趣，在学校也不擅长需要死记硬背的科目。**他喜欢自由发挥想象力地**

学习、学音乐。

所以爱因斯坦在听到莫扎特的奏鸣曲后，就爱上了它优美的旋律，并对音乐产生了浓厚的兴趣。

爱因斯坦最喜欢的音乐家是莫扎特与巴赫。他认为不应该用理论评价音乐，而应该用直觉欣赏音乐。因此，他对音乐家们的点评也都非常有意思。

比如，亨德尔的作品基本上可以说是完美的，但是略显狭隘；贝多芬的曲子充满戏剧性，且个性强烈；舒伯特感情丰富、表现力强，擅长旋律创作，是爱因斯坦非常喜欢的音乐家之一，但是曲子一长就会暴露结构上的缺点，让人又欢喜又遗憾；舒曼的小作品富有感情、具有独创性，但他的缺点是无法创作出大气的作品；门德尔松虽然才华横溢，但是缺少内涵；勃拉姆斯有很多室内乐的好作品，但是作品没有说服力，让人无法理解他为什么会写出这样的作品；瓦格纳的创造力虽然令人折服，但是他的音乐太具攻击性，容易让人产生厌恶感；理查德·施特劳斯虽然有才，但他只重视外在效果，没有内在感情；德彪西的音乐虽然充满色彩感，但是结构贫乏。(《爱因斯坦谈人生》)

就如同“鸣奏吧！深爱吧！——然后闭上嘴！”这句话说的那样，爱因斯坦很少评价音乐，但通过他为数不多的感想，我们可以知道**他喜欢的音乐是能触动内心、结构优美的**。

工作结束以后，爱因斯坦又是如何放松身心的呢？

> 首先我会进行即兴演奏。如果不尽兴，我会继续练习莫扎特的曲子寻求慰藉。如果觉得自创曲目呼之欲出，我会练习巴赫，从中学习他对结构的处理方式。
>
> （同前）

爱因斯坦喜欢自由地享受即兴创作。创作过程中支撑他的就是巴赫与莫扎特。也许他是因为觉得超越巴赫和莫扎特无望，才没有成为作曲家的。

掌握与次郎偶人的平衡感

音乐能让灵魂得到自由。

有一种说法是“所有艺术都向往音乐的状态”。因为音乐是一种时间艺术，可以任意变换大小、状态传递到人的内心，有触动人心的作用。如果有一种高强度的工作需要持续耗费脑力、不断深入研究，那么音乐就是缓解紧张情绪的最佳选择。

你可以试着想象一下与次郎偶人[1]。它依靠向左右延伸的支架保持平衡，只要有一边的支架过长，平衡状态就会解除。只有把另一侧调整到同样长度，并在上面放上同等重量的物体，它才能维持平衡，而且支架越长越稳定。它和人张开双臂保持平衡是一个道理。

如果只专注于一件事，就好像是不断加长与次郎偶人一边的“手臂”，自然难以保持平衡。

贝原益轩在《养生训》中提到：“长寿的秘诀就是不偏激，保持中庸的生活”。也就是说，**只要在生活中保持好内心的均衡，就能摆脱压力，度过一个快乐、幸福、长寿的人生**。学习、工作之余，找到一个能令自己感到愉快的事情，能有效地调节内心。**这件事做得好或不好都没关系。**

即便从来没人赞赏爱因斯坦的小提琴拉得好，他还是乐在其中，不断在各地进行表演。他在释放情感的同时，也让听者的内心得到舒缓。所以就算是不擅长的事，也能为他人带去幸福。

其实还有很多身为理科博士却喜欢小提琴的人。据说

① 一种日本玩具。——译者注

寺田寅彦、糸川英夫、三木成夫等都很喜欢小提琴。

比起拉小提琴，爱因斯坦在晚年更喜欢弹钢琴。他曾抱怨道:“如果继续拉琴,身体就会吃不消了”,却觉得“钢琴很适合即兴与独奏，所以每天都要弹琴”。(同前)

奉献终生的工作、享受终生的乐趣，它们就如同是一条支架上的两个轮子。正因为它们能共同旋转，才有了爱因斯坦幸福的一生。

适合的人群

●容易陷入专业领域，困于狭小世界的人

●感情很少外露的人

○想找到一个能解放内心的兴趣，幸福生活下去的人

学习启示 No.15

献给从未感受过调查之乐的你

南方熊楠的“图书馆抄阅法”

南方熊楠博览群书，

能把抄过的知识全部记下来。

留在伦敦期间，

他在大英博物馆的图书馆借阅了五百多本书，

整理了五十多本笔记。

通过抄写掌握知识

知识渊博的南方熊楠不满足于学校里学到的知识，他一生都在以非专业者的身份不断地研究和学习。

熊楠在少年时期就已经掌握了独特的学习方法，就是

发挥自身高超的理解与记忆能力对书本进行抄写。

熊楠曾请求一位认识的医生，在其家中借阅被称作江户百科全书的《和汉三才图会》，将内容记住后回家写下来，或者把书借回家中抄写。如此几年下来，他将105卷的《和汉三才图会》全都抄写完了。

他抄阅过日本、中国的各种博物学书籍以及各国名胜地图册，甚至连摘要都不落下。

关于熊楠是如何开始对学习感兴趣的，有如下记载：

> 最让熊楠入迷的是阅读、抄写介绍自然现象的书籍，与采集动植物标本。他最先阅读的是江户时代一本名叫《训蒙图汇》的书，其实就类似于现在的插图版少儿百科。因为他家是做生意的，所以他就用炊具的包装废纸抄书，从而学习书中的图画和文字。
>
> （《南方熊楠相册》，中濑喜阳／创谷川与藏编）

首先产生兴趣，其次深入了解，最后通过抄写吸收掌握这些知识。这就是熊楠擅长的学习方法。

在任何书本都能被简单复印的现代社会，人们通过笔头还原信息的能力显著降低，取而代之的是通过读与看来加深记忆。熊楠的誊写并不是机械式地抄书，而是先把看到的内容记在心里，然后再还原到纸上。试过以后就知道，特别是重现图画的时候，尤其需要对细节的把握能力。这个本领是熊楠在年少时锻炼出来的。

连马克思都经常往返的知识圣地

在伦敦的8年里，熊楠也一直在用这个技巧进行学习。

最能引发熊楠求知欲的就是大英博物馆的图书馆。众所周知，那里设立的博物馆与图书馆，都是世界顶尖的知识宝藏。

图书馆阅览室是一个巨大的圆顶建筑。中央设有四百多个阅览专用座位，周围的环形墙体摆有放满了藏书的书架，非常壮观，充满了浓郁的学习气氛。

很多著名的作家、学者都曾在这里进行过学习和研究。

其中就有一个常年到这里学习的名人——卡尔·马克思。在马克思流亡到英国的30年间，每天早上10点开馆，他就会来此进行研究与写作，直到下午6点闭馆。他的座位永远是“G-8”。著名的《资本论》草案也是在这个阅览室里完成的。

然而，这个图书馆并非对所有人敞开大门，只有那些获得许可的研究者才有资格使用这个图书馆。

熊楠在朋友的介绍下，有幸获得在大英博物馆内帮忙的机会，具体的工作内容是调研东洋关系的资料。与此同时，他的论文也刊登在《自然》杂志上。

后来他终于成功得到了正式的入馆许可。

输入与输出的循环

熊楠如鱼得水一般手不释卷，不断抄写他感兴趣的知识。

自从得到了正式的入馆许可，熊楠就不停地去往图书馆进行阅读。馆内有一个容纳了四百多个座位的巨大圆顶式阅览室，在当时被称为“学问的圣地”。顺带一提，马克思也曾是这里的常客，他的故事同样是人们津津乐道的话题。

熊楠的博学多识令人难以置信，据说他在这里阅读、誊写了大约五百本图书。（旁征博引的《纵谈十二生肖》引用了大概四百二十本书，而熊楠誊写的图书数量竟然在它之上。）他的《伦敦摘录本》虽然只记在了记账本一样薄的本子上，但也有53本之多。而且笔记的字体瘦小、毫无留白。从这些笔记中，我们不难想象熊楠专心致志誊写文章的模样。

但是，熊楠的性格中也有刚直、急躁的一面，经常冲撞周围的人。最终，他在阅览室中殴打他人，不得不离开了博物馆。

（《熊楠与大英博物馆》
牧田健史，收录于《南方熊楠相册》）

不断吸收掌握各种书本上的知识，用英文撰写论文，与有知遇之恩的学者探讨问题，这个时期的熊楠**在知识的输入与输出上有一个良好的循环。**

可是就在这时，熊楠在大英博物馆与人发生了纠纷。1897年11月，他因为打人被禁止入馆。虽然他在隔月被允许入馆，可是在第二年的12月，因抱怨馆内一位女性声音太大又发生纷争，他再次被禁止入馆。

虽然在与他交情甚好的东洋图书部部长的斡旋下，他被允许在一定的条件下入馆，但他却谢绝了这次入馆许可，此后只往返于博物历史学馆与南肯辛顿美术馆。

图书馆的用途

传统的图书馆在长年累月的积淀下，散发出一种独特的让人平静的氛围。一想到“马克思就是在这里写的《资本论》”“熊楠就是在这里学习的”，前人们的学习欲望就好像转移到了自己身上，让人觉得精神抖擞、充满干劲。馆内几万册、几十万册的藏书同样也有着巨大的能量。

位于本乡区的东京大学附属图书馆的一角，也收藏着很多宝贵的古代典籍。我有时候会不由自主地想要呼吸那里的空气。古书散发出的独特气息萦绕在密闭的书库里，让人觉得好像踏入了人烟稀少的知识森林。

没有什么比这个更让人觉得兴奋了。**熊楠在图书馆感受到的快乐应该类似这种踏勘知识森林的感觉。**

我并不适合在图书馆学习。大家认真学习的样子，反而会让我失去学习欲望，转头看起大本的美术画册。因为平时很少能买这种大型画册或卷数多的全集，所以我有一种“图书馆适合看这种书”的感觉。因此对于那些和我一样的人来说，在图书馆找资料，然后去其他地方学习才是明智之举。

还有一种人，他们一进入这种所有人都在认真学习的氛围里，就会受到鼓励，顿时充满干劲。这个世界上有人喜欢如同幽静森林一般的传统图书馆，也有人喜欢小巧、气氛有些压抑的图书馆。

最近还有一种以商务人士为对象的会员制图书馆。那里经常会举办一些学习会、研讨会，供人们学习。

由于人们想在图书馆得到的收获不同，图书馆的使用方法也各不相同。

适合的人群

●独自学习就无法集中注意力的人

●没有体会过调查未知事物之乐的人

○喜欢图书馆氛围的人

学习启示 No.16

献给正为努力了却看不到成效而发愁的你

村上春树的“体能强化法”

每天长跑十公里。

参加马拉松大赛，挑战铁人三项。

他坚信想要坚持写好长篇小说，

就需要通过体能强化，锻炼自己的精神力与体力。

因为真正支撑脑力劳动的是一个强健的身体。

小说家练习长跑的目的

本节我想讲述的是村上春树练习马拉松的故事。

如果你想在某件事上精益求精，不妨效仿村上，通过跑步“直面”身体。

《当我谈跑步时我谈些什么》这本书中详细记录了村上春树对长跑的看法、有时出现的身体变化以及对此的感受。说起他坚持长跑的这些年，可以说是一条禁欲的“马拉松之路”。

不仅是写作与跑马拉松，做任何一件事，都需要在了解自己性格、身体特点的前提下不断进行锻炼，才能做到持之以恒。

村上是在1982年的秋天，刚成为专职作家不久后开始长跑的。那时的他因为从早到晚都坐在书桌前写作，导致体力下降、体重增加，而且他抽烟抽得特别厉害。后来他意识到这样对健康很不好，为了保持体力、控制体重，他选择开始跑步。

没想到这一跑竟然跑了20多年。现在他基本每天跑10公里，积极参加各种马拉松大赛，有时甚至会坚持跑完100公里的超级马拉松大赛或挑战铁人三项的比赛。

村上为何如此热衷于长跑运动呢？

他说这是因为作品不会像泉水那样源源不断地涌出来，所以想要成为知名的小说家，这么做非常有必要。

> 写作就如同是用凿子在岩石上挖洞，不挖到很深的地方，就找不到灵感的水源。所以写小说非常

耗费时间和精力。

（同前）

写作是一种如凿壁穿石一般的高强度工作，也属于体力劳动。

我认为写长篇小说从根本上来说也是体力劳动。写文章可能属于脑力劳动，但是写一整本书，更倾向于体力劳动。写作不需要举起重物、快速跑步或者向上跳起，很多人认为作家的工作就是安静地在书房中进行脑力劳动。只要有举起一杯咖啡的力气，就能写好书。但其实只要试一试，就能马上知道写作也不是什么安逸的工作。你需要坐在书桌前，将注意力像激光一般集中于一点。从无到有，用想象力编织出一个完整的故事，精心挑选故事中的每一个词，掌控故事走向，让它不偏离正确的方向。这些工作都是一个长期的过程，要消耗比你想象的更多的能量。

（同前）

我也觉得这个普遍被认为是脑力劳动的工作，其实非常需要体力的支撑。

不能因为工作中需要用脑，就忽略了身体的重要性。无论是工作还是学习，都不能只依靠“脑力”来完成。体能好的人做事有毅力，有爆发力的人能迅速处理好一件事。这些能力都不是天生的，而是可以通过后天锻炼掌握的。而且身体一旦记住，就很难忘记了。

只要把身体锻炼得足够敏锐，就更容易激发创造的灵感，迅速投入眼前的工作。村上20年如一日坚持不懈地长跑，通过训练自身，得到了能不停深入挖掘的力量。

正因为要面对不健康的东西

小说家总给人一种不健康的感觉。一说到文学家，大家的脑海中往往会浮现出太宰治这类作家的形象。他们夜夜饮酒，在复杂的人际关系中煎熬，通过观察人心的阴暗面来描写灵魂的呐喊。虽然保持身心健康本来就理所应当，而且作家中也不乏热爱运动之人，但是人们总有一种先入为主的观念，认为不健康的生活才适合小说家。

村上也称，写小说就是一种需要面对并处理“人类内心深处的毒素”的极其不健康的工作。

所以**想要长期坚持小说家的职业生涯，就要先可以对**

抗体内的毒素，在身体里建立一套免疫系统。

越是从事艰巨的文字创作工作，就越需要强化自己的体能，训练出强健的肌肉与坚韧的意志力，从而使身体适应这种长时间、高强度的挑战，这就是村上的绝技。

正是要面对小说这种不健康的东西，才更要保持自己身心的健康。

这是一种在固有思想中寻找突破点的做法。

所以村上认为“越是需要面对不健康的东西，就越要保持自身的健康”“不健全的灵魂同样需要健全的肉体”“健康与不健康并不处在对立面”。

也许有人即使处在不健康的状态之中也能出淤泥而不染地完成写作工作，但我认为，如果没有一个健全的身体，也是无法接连写出畅销小说的。

村上也是这样看待小说的，所以马拉松对他的写作来说不可或缺，这与爱因斯坦用小提琴来与研究互补是一个道理。

锻炼意志力的诀窍

近几年，很多人喜爱上马拉松这项运动。

因为跑步、慢跑不需要特定的场所与道具，随时随地都能够轻松地开始练习。只要按照自己的节奏坚持跑步，就能看到自己体力与体型上的变化。可以说，这是一种既健康又能激发动力的运动。

唯一的问题就是能否长期坚持下去。村上也经常谈到坚持的诀窍，最重要的是**要掌控好节奏**。村上这样说起坚持长跑的秘诀：

> 要默不作声地完成自己的长跑任务。想跑快时可以适当提速，但是不要忘记在加快节奏的同时缩短跑步的时间，想办法让良好的身体状态维持到明天。写长篇小说的诀窍与此相同。就算还想继续往下写，也要学会适当地放下笔头。这样第二天才会写得更轻松。欧内斯特·海明威也说过类似的话，想要坚持下去，就要保持同一个节奏不停顿，这点对长期作业非常重要。只要设置好一个节奏，很多问题都会迎刃而解。在惯性轮按照一定的速度旋转之前，一定要注意循序渐进地进行。
>
> （同前）

在坚持某件事情的初级阶段，一定要**想办法让身体的良好状态持续到明天**。

在遇到学习状态好的时候，我们往往会想趁着这个势头继续学习下去。但其实比起一直学个不停，我们更应该在目标达成以后留有余力、见好就收，因为这样做会让我们在第二天更容易进入高度集中的状态。

如果第一天绷得太紧，第二天反而会因为这么一小点的成就感有所懈怠。这种一会儿做一会儿不做的行为所带来的心情波动，很影响意志力的培养。

读书也是如此，不能因为觉得有趣就马上将其一口气读完，而是要刻意在精彩的地方停下来。这样一来，你会在第二天读完所有内容之后，依然觉得意犹未尽，想马上拿起一本新书继续阅读。这种正面意义上的“拖到下次”可以帮你制造一个良好的循环。

我们需要“在惯性轮按照一定的速度旋转之前”，下功夫调动自己的积极性，让每天都能有想继续做下去的欲望。

“还挺不错的嘛”

想要增强自己的持久力，还要善于诱导自己的身体与心理。

有一位叫沙德诺的社会学家，他擅长用现象学的知识记录事物最真实的姿态。他在《跳跃在键盘上的手》一书中记录了自己掌握爵士钢琴的过程。

因为爵士钢琴是一种即兴的音乐，所以学起来与学普通钢琴差别很大。那么，手指要怎么动，才能弹出爵士乐的节奏呢？这本书详细描写了他是如何融入现场的氛围、找到爵士乐节奏的。书的内容非常有意思，就连爵士乐的钢琴家山下洋辅也在这本书的书腰上留下了自己的感想："身为学者，写出有么有趣的书真的好吗！"

沙德诺说自己在刚开始学习爵士钢琴的时候，自以为掌握了要点。事后想起来，完全是自己会错意了，才会觉得"我还挺不错的嘛"。但其实**正因为有这份会错意的喜悦，沙德诺才能坚持下去。**

村上在刚开始跑步的时候，也有类似的感觉。他在1983年开始跑步，第二年就混在人群中参加了人生第一次的越野赛跑。

> 虽然只有短短的5公里，但我还是别上号码牌，混在人群中，伴随着"准备——跑！"的号令声出发了。那时我觉得自己还挺能跑的。……后来我想看看自己到底能跑多远，就开始围着皇宫跑。我一共跑了7圈、

共35公里，而且也没有感到特别难受。

（同前）

那个时候的村上根本不知道参加正规马拉松大赛的辛苦。之后他真正参加了马拉松才知道最累的时候其实是在跑到35公里以后。一开始村上的内心多少抱着“我还挺不错的嘛”“我可能还是蛮有天赋的”“我还挺适合跑步的”等想法。这些想法也成为让他坚持下去的动力，**这就是心理暗示的作用。**

自我感觉良好也能给人以暗示，这也许就是快乐地坚持下去的秘诀。

消化不愉快的经历

村上在倍感压力时有一套自己的精神控制法。学会这个方法会让我们受益匪浅。

如果无缘无故遭人非难（至少我是这么觉得的），或者本以为会被人接纳结果却并不理想的时候，我会增加跑步的距离。通过跑更远的距离消耗更多的能量，以此认识到我自身能力有限、是个脆弱的人。用简单而又直接的物理方法感知最深处的自己。不仅如此，身体还能因此得到强化。所以每当我生气的时候，都会用这种方式把气撒在自己身上。每当觉得后悔，就用这份悔意磨练自己。遇到不愉快的经历时要学会默默地承受，把它们原封不动地消化掉，放入名为小说的容器里（这时尽可能地改变它们的形态），最后再把它们变成故事的一部分，从指尖释放出来。

（同前）

村上在内心波动较大，或者受到外界刺激的时候，会通过加大长跑距离，认识到自身的弱小，释放能量，强化肌肉，把不愉快的经历转变成为让自己强大的武器。

因为通过跑步消耗、释放了能量，所以不会造成压力的堆积。不需要像演青春电影那样，一边大叫一边朝着大海奔跑，只需要淡然地增加跑步距离就可以了。

村上的压力调整法非常有意思。这种把负能量转化成为自身力量的做法非常值得我们学习与借鉴。

坚持符合自身心理特点的活动

在《当我谈跑步时我谈些什么》这本有趣的书中，当代人气第一的小说家村上春树是这样介绍自己的性格的：

> 我从来都不是一个争强好胜的人，这个性格到现在也没有改变。无论是输是赢，我都不会在意。比起这个，我更在乎有没有达到自己的要求。所以从这个角度来看，长跑是一项十分符合我自身心理特点的体育运动。
>
> 我的肌肉总要花很长时间才能进入状态。虽然刚开始运动的时候，我的身体反应会迟缓很多，但是一旦做好热身运动，无需勉强自己也可以坚持得很久。……这种肌肉的特点与我自身的心理特点有着异曲同工之妙。
>
> （同前）

符合自身性格特点是坚持下去的重要条件之一。**无论是多么辛苦的一件事，只要它符合自身性格特点，我们就能长久地坚持下去。**

告别昨日的自己，迎接今天的自己。这种转换不是简单地保持身体健康或放松身心，而是更高层面上的告别过去、积极向前。

如果内心觉得自己是“被迫”这么做的，就不会有一个积极的心态。我们必须直面自己内心涌现出来的真实想法。

无论是运动、艺术、工作抑或是家务，都要让自己不断进步并引以为傲。学习也是如此。

适合的人群

●容易忽略身体重要性的人

●正为努力了却看不到成效而发愁的人

○比起与他人竞争，更喜欢朝着目标不断更新自我的人

○想挖掘自身潜能的人

第三部分

立竿见影
“斋藤式”速效学习法

把短板变成兴趣

“一气呵成学习法”

本章将会向大家介绍一些迅速树立自信心的学习法，这些方法非常适合那些还没有找到“制胜球”的人。

教中学生英语的时候我发现了一种高效学习法——“一口气读一本书”学习法。

具体的做法是直接让刚开始学英语、不懂任何单词和语法的初中一年级学生读英语课本。

市面上有一套专门面向初学者，名为“阶梯系列”的英译丛书。我从中选择了《奔跑吧，梅洛斯》这篇文章。其英文题目是*Run*，*Melos*，*run*，非常简单易懂。

首先，我用五分钟简单地告诉学生们一些基础知识。比如，主语S，动词V，以及一些初级的英文句式结构。就好比是钢琴中“do、re、mi、fa、sol、la、si”这七个音阶以及一些简单的和弦。

因为梅洛斯一直在不停地奔跑，所以文中经常会出现现在进行时“is running”。它是刚刚出现过的动词“run”的进行时。如果出现了指示代词，我就会这样向学生解释句子结构：“它读作that，代表文中这个部分，可以画个括号先不看它。”

接下来要做的就是反复地朗读。因为大家已经很清楚故事的内容，所以即使不认识单词，也可以大概猜出其中的意思。

总之，就算不懂也要坚持读到最后。这个方法可以让人在英语学习之初迅速地建立自信心，让英语变得不那么陌生。

只要习惯了读英语，就会想要继续坚持下去，并自发产生“因为很有趣，所以还想读一些别的故事”的想法。

在最开始读一些短笑话是个不错的选择。

我最初阅读的是阿凡提的故事。他就像是土耳其版的吉四六[①]，所以文中有很多有趣的故事。这篇英语文章是我在念初中时的暑假作业。那时因迫不及待想知道故事的后续而拼命翻字典的样子，至今记忆犹新。

除了短笑话，还可以选择用日本民间故事的英译版进

① 日本大分县的民间故事中的人物。——译者注

行训练。

比如家喻户晓的桃太郎的故事。因为知道故事内容，所以就会有“原来野鸡在英语中这么说”“这个单词就是鬼的意思”等代入感。

由此一来，英语学习也会进行得非常顺利。

大人同样可以使用这个方法。

先试着读完一个自己知道或自己感兴趣的故事。

最好是选择那些能让你一直兴致盎然的书，比如儿时喜欢过的书籍，或深受感动的电影的原作。提前准备好译本，你会恍然大悟：“原来翻译是这样表现的呀”，并从中找到另一种乐趣。

发现了特洛伊遗迹的谢里曼精通多门语言，他能用大概六个月的时间掌握一门外语，然后用该语言写作、与当地人聊天。他的方法就是不停朗诵简短的文章，直到全部背诵下来。

比如他在学习法语的时候，就背诵了《忒勒马科斯的冒险》与《保尔和薇吉妮》这两本书。这两本书的内容简单易懂，都是面向青少年的读物。

再到后来学习希腊语时，他先是找到了现代希腊语版本的《保尔和薇吉妮》，然后通过与法语原文对比进行学习。学习古希腊语的时候，他又反复阅读背诵了《伊利亚特》与《奥德赛》。

谢里曼并不是直奔学习中最难的部分，而是通过消化整本书的内容最快速、最直接地掌握自己想学的知识。

短时间树立自信心

"连休集训学习法"

专业的棒球选手会在联赛前进行集训。学生也可以在春假参加时间较长的春季野营。但是一旦参加工作，就很难有这种机会了。

因此已有工作的人应该**利用节假日的三连休，自主地进行短期学习集训。**

但是，独自一人学习很难激发干劲，而且遇到挫折时容易半途而废，所以我建议大家叫上自己的朋友或者家人一起学习。

和朋友一起准备资格考试也好，为了想出新的企划或战术和同事一起办一个创意集训也好，要拿出福泽谕吉在适塾学习荷兰语的劲头与他人切磋琢磨。

如果是和家人一起学习，就可以定下各自的目标。

比如"这个假期是单词集训，我要背100个单词。"

“妈妈也一起背100个吧。”

“爸爸背诵的数量要翻倍，一天背200个。全家人一起加油吧。”

父母说单词，孩子回答它的意思。或者父母说出解释，让孩子回答对应的英语单词。这样可以检查孩子的背诵成果，可以视情况鼓励、嘉奖孩子，还可以帮助孩子调节学习节奏。

如果目标过于简单，集训就失去意义了。这就需要将目标定得很高，无法轻易实现。

一起学习可以让人看到对方努力的样子，产生一种同舟共济的意识。就算中途感到厌烦想要放弃，也可以相互鼓励继续坚持下去。

这种短期集训的关键在于要抓住集中精力、彻底投入的感觉。所以在集训中，**题海战术比攻克重难点更有成效。**比如持续背诵、反复做题或不断思考方案，总之先不管质量，试着以数量取胜。

注意力集中，进入巅峰领域

“集中学习法”

人在跑步时总会有觉得特别疲惫的时候，如果我们能在这个时候咬咬牙坚持下去，身体就会变得越来越轻松，而且还会让人觉得跑多远都不在话下。我把这种情况称为进入“巅峰领域”。学习也是如此，只要坚持不懈地学习，同样也能进入这种领域，而且只要进入了巅峰领域，就不会再觉得厌烦与辛苦。

“集中学习法”可以帮助我们进入这种“一旦进入其中就会让人觉得异常轻松”的领域。

想必每个人在学生时代都经历过考前临时抱佛脚的情况。就算是平时不怎么学习的人也会拼命地背诵考试内容。根本没有时间慢悠悠地找学习状态，必须分秒必争地与眼前的题目搏斗。

“集中学习法”就是在这种精神紧绷的状态下，坚持不懈地学习。它能让不擅长变成擅长。

不擅长与讨厌的情绪往往是成对出现的。因为讨厌所以不想做，因为不做所以不擅长，因为学不好所以讨厌的情绪愈发高涨。为了打破这种恶性循环，就要集中精力来着手自己不擅长的事。

要诀是不能拖拉，要事先规定好一个期限，然后集中精力展开学习。定好要在多少天以内完成什么目标，就会完成很大的工作量。如果是背诵任务，则要反复记忆直到把内容彻底刻在脑子里。

我认为**这个期限在两周左右比较妥当。**

之前介绍的“连休集训学习法”就是热身版、迷你版的“集中学习法”。

如果是临时抱佛脚，那么一旦考试结束，背过的内容就会被忘得精光。但如果使用需要反复记忆的“集中学习法”，就可以像腌得非常入味的酱菜那样，把知识记得滚瓜烂熟。因为这种记忆不是浅层记忆，而属于深层记忆。

假如你下定决心想要在两周内背诵1500个英语单词，你应该怎么做呢？

我曾在自己的书（《斋藤式基础英语单词私塾——中学1500词》）中介绍过背单词的方法。做百来张单词卡，每张卡片上面记录3个英语单词，并且写出每个单词的各种时态。然后3个3个地进行背诵。一天不能只背一张，而是要背10张，并且要不停地循环背诵直到背会所有单词。

用非常快的节奏说出日语、英语，用1个小时把1500个单词全部过一遍，然后再反复记忆。

背到一半的时候肯定会感到厌烦，肯定会想要放弃。

但一定要耐住性子坚持下去。告诉自己：“跨越了这道坎就能进入巅峰领域了”“在背单词上，不会有人比我更专注了”，不管是大脑开始放空、效率开始降低，还是连做梦也想着背单词，都要一直坚持下去。

只要这样做，你就能进入巅峰领域，并轻松地坚持下去。

坚持两周以后，不擅长的事情也会变成擅长的事情。而且只要有过一次这样的体验，就再也不会害怕自己不擅长的事了。在不断的坚持中，自信会随着实力的增长而增强。不仅如此，我们还会变得更有耐心。专注于一件事就是有如此之多的好处。

读书时我们也可以采用这种集中式学习法。你可以选择平常很少阅读的类型，进行集中式阅读。

比如，如果你从来没有读过尼采的书，就找10本有关尼采的书不停地看。可以先从简单的漫画版《查拉图斯特拉如是说》开始读起，然后再读尼采的著作，甚至是与尼采有关的书籍。等你读到10本以上，就会从“完全不懂”变成“小有了解”。

轻轻松松手不停笔

“白纸活用法”

数学家藤原正彦不喜欢用iPad，而是喜欢用白纸。

因为数学家大多都会用划有横线的A4纸。所以全世界大学的数学办公室都摆放着一沓A4纸。……

日本大学规定这种纸的颜色为白色。美国的密歇根大学与科罗拉多大学则只有偏黄色的纸。英国的剑桥大学也规定使用黄色纸。因为外国的数学家将之称为“pad（一沓纸）”，所以我也喜欢这么叫。

数学家使用的纸张数量令人瞠目结舌。无论是需要计算还是有了新的想法，他们都会写在纸上。可惜大多数的计算结果都会化为泡影。越是了不起的研究越容易失败。就算计算失败了，也要好好保存起来，因为以后也许还能派上用场。这样一来，失败了的纸张越积越多。有时为了推算出某个定理，需要计算大量的实例佐证它。这些计算完毕的纸张最后都被堆在办公室的一角，终年不见天日。……

数学家无论去哪儿，都会随身携带纸张。我在新婚旅行的时候，也随身带着一沓纸，以便突发灵感时可以拿出来记载。因为睡觉时大脑偶尔也会涌现出新的想法，所以枕边同样需要准备好一沓纸。这个灵感就像是一个能让战局起死回生的本垒打，所以我总是兴奋地从梦中醒来。但晚上多少有些睡糊涂了，大脑无法判断这个想法的正误。这时我就会先把该想法记在纸上，早上起来再做验证。虽然这种情况下的大部分想法都毫无意义，并让我为兴奋地跳下床的自己感到不好意思，但其中也不乏想法卓越的点子。所以每次遇到类似的情况，我还是会不由自主地感到兴奋。

（《纸与我》，藤原正彦著）

为了计算，为了记笔记，数学家们经常是笔不离手，纸不离身。在平时的工作中，不仅需要大量的纸张，而且就算计算失败也不能把这些纸轻易地扔掉，而是要小心地保管。

所以，数学家的这种计算**不需要反复推敲，而是大脑**

灵光一闪，就马上全数记在纸上。

如果你的目的是写出划时代的想法，或者精彩无比的文章，往往难以下笔，但如果只觉得自己是在做笔记，反而可以毫无顾虑地奋笔疾书。

> 我在30岁出头开始写随笔。因为养成了不往纸上记一笔就进入不了状态的习惯，所以我会把随笔的草稿写在纸上。先写在白纸上，经过反复推敲后再誊写到稿纸上。
>
> （同前）

藤原老师就连写文章也要在纸上打草稿。

因为“不往纸上记一笔就进入不了状态”，所以干脆贯彻自己的这个习惯，把文章的草稿也写在平常用来计算的那一沓纸上。

对我们而言，又是什么东西类似于藤原先生的白纸呢？

比如对翻译家柴田元幸来说，是广告纸的反面。

柴田老师在与生物学家福冈伸一的对话中这样说道：

> **福冈**　机会难得，我就开门见山地说了：柴田老师平时是如何进行翻译工作的呢？能具体地介绍一下吗？

柴田 今天我把自己的翻译稿带来了。首先，我会先把翻译的内容手写在稿纸上，然后请我的妻子帮我打在电脑上。之后，我再对打印出来的稿子进行修改。就这样不断重复这个过程。而我的翻译稿大多都写在这种广告纸上。用这种纸最好（笑），很适合用较粗的水性笔在上面写字。

（《记述世界的方法》）

我也有用纸张反面的习惯。**在已经用过的打印纸的背面写作，可以无形中降低写作难度，让人觉得轻松无负担。**只要把那些越积越多的会议资料和校样复印纸都利用起来，我就能乐此不疲地投入写作之中。

在电视中迅速找到学习启示

“身临其境学习法”

《哈佛白热教室》《在演员工作室》（*Inside the Actors Studio*）这类电视节目能让我们身临其境，获得最真实的体验。

日本也有一些纪实节目，比如《坎布里亚宫殿》《热情大陆》《专业人士》，在节目中对各行各业顶尖的专家进行采访。我经常从中获得启示。

比如在一期《坎布里亚宫殿》的节目中，就介绍了山梨县的一个精密机械工厂“a-one精密”的企业经营者梅原胜彦先生。

“a-one精密”虽然只是一家生产精密机械零件与工具的公司，但梅原先生还是煞费苦心，想出了很多让人拍案叫绝的点子。

“用最低的价格提供最优质的产品”，这一点谁都能想到。那么该用什么作为卖点呢？梅原先生的答案是**提前交货**。如果其他公司的工期需要一周，他隔天就能马上交货。可他到底是怎么做到的呢？

客人的订单一律用传真接收，订货单全部手写。如果使用电脑，还需要打字、打印的时间，所以手写会快很多。

公司里配有气流输送管，专门负责传送订单，所以在接到订单的一两分钟以后，就可以开始加工生产。而且**公司提前备有完成了七成的半成品，只要继续完成剩下的三成就可以交付订单。**

因此“a-one精密”才可以在接到订单的当天就完成产品的生产与发货，并在隔天就送到顾客的手中。

其实他们的工作并没有想象中那么难或运用了什么高科技，他们只是随时处于演习的状态。而且在当今时代，考虑越周全，越能精准迅捷地完成任务。

不仅如此，这家公司还有一点令我深感佩服，它采用典型的昭和时期的经营方针，至今仍沿用传统的终身雇佣制度，以及工资随工龄增长的年功序列制度。这里的工人不担心有一天会丢了饭碗，而且他们基本上都有自己的房产。同时，公司还会为工人们考虑，让他们都能在退休前还完房贷。

这是一家会让员工感到幸福的公司。访谈中经营者的面容也让人印象深刻，给人一种很温和的感觉。他并不在乎能赚多少钱，同时，他身上也有着十分令人感动的人格魅力。

也许经过后期包装，经营者的形象与平时多少有些不同，但多亏了这档节目，我才有机会接触到地方工厂的经营者，有了这一生中仅此一次的邂逅。

经营者的生活方式、为人处世、果决的行事作风都有值得我们学习，并从中获取启示的地方。

无论是什么工作，都需要解决如何快速处理订单、尽早交货的问题。“a-one精密”的经营方式也可以帮我们找到问题的答案。

关于如何进步的理论都是相通的。这些理论具有普遍性，我们可以进行换位思考，多代入自己，想想如果面对类似的问题时自己应当如何解决。

看电视时要一边看一边思考自己能从中得到什么启示。这样一来，电视节目也能变成令我们受益匪浅的学习材料。

用自己的方式整理实时新闻

“剪报学习法”

以前把新闻报纸做成剪报是处理信息的重要方法之一。

但如今，比起通过做剪报整理信息库，在网上检索一下要方便快捷得多。因此，新闻剪报已然消失在历史长河之中。

就新闻的传播速度与范围而言，报社完全比不过网络公司。

现在独居的年轻人中，很少有还会订报纸的人。

但我认为，正因为处于这样的时代，我们才更要反其道而行之。我在这里向各位推荐一种“剪报学习法”。因为**把新闻从报纸上剪下来，然后贴在本子上的这种行为是极具价值的。**

通过网络传播的新闻都是转瞬即逝的。无论发生了什么事，我们马上就能知道，并且会实时更新。新消息接踵而至，过往的消息马上就会成为旧闻被人遗忘。这些消息大多都是复制粘贴的产物，内容基本大同小异，信息的源头到底在什么地方也无从查询。

一条条草率了事的消息如洪水泛滥，面对庞大的信息量，我们养成了快速阅览的习惯。

但周围的信息实在是太丰富，越来越多的人开始觉得迷茫，开始不知道自己究竟应该关注哪些信息。因为在信息海洋中无法抉择，所以干脆全部阅读。这样做势必导致我们根本想不起自己到底看过哪些新闻。渐渐地，人们丧失了判断能力，搞不清楚哪些新闻才是真正有价值的，才是对我们来说重要的。

因为失去了思考的能力，所以什么事一有人说好，就会有很多人开始跟风：“原来是这样啊”“确实如此”。

如果你想学会取舍，并从众多选项中选择自己真正需要的，不妨试着做一下新闻剪报。

我也曾让学生们试着做剪报。

我让他们每天从报纸中找出自己最感兴趣的新闻贴在剪报本的左侧，然后在右侧写上选择这则新闻的理由、自己的感受以及对此产生的意见或建议。

有很多学生一开始觉得麻烦，但渐渐又会觉得做剪报很有意思，并且会在每天思考“今天该选择哪一篇报道呢？”的过程中，逐渐提高自己对社会的关注度。很多人通过做剪报，开始涉猎一些平常不太关注的新闻领域，或者会看多个报社的新闻，再或者能明显感受到看报与看电视、看网络新闻时的感觉很不一样。

这个任务是需要用自己的双手一点点完成的。通过选择与剪贴，**让这些新闻变成属于自己的报道**。随着剪报本逐渐变厚，你会发现自己对这一篇篇报道的感情也越来越深。

除了做剪报，我还要求学生们在课堂上用一两分钟的时间，向彼此解说自己选择的报道。这么做能让学生爱上新闻，想要知道更多的新闻，想要把新闻传递给更多的人。

我把这个任务称为“成为池上彰[①]”项目。

有过这种体验的人，会发现自己处理信息的方式有了明显的变化。他们变得能够更自主地、更有选择性地阅读新闻。就算不能一直坚持，只要试着做两周就能看到效果了。

通过对新闻的选择我们能获得什么呢？

立花隆老师在《智慧软件》中用一章篇幅专门介绍了

---

①池上彰，知名日本记者，同时还是东京工业大学、信州大学爱知学院大学特任教授，京都造形艺术大学客座教授，名城大学特别讲师，非营利性组织“日本新闻时事能力检定协会”的理事。——译者注

整理、活用新闻报道的方法。文中提出了该如何处理新闻报道的信息并完成知识输出的问题。虽然这本书从出版到现在已经过去了二三十年，但书中对该问题的解答时至今日仍然让人受益良多。

> 最重要的是要经常思考是否能结合现实给信息一个全新的分类，我们又是否会因为这个新分类，对同一个现象产生不同的看法。
>
> （《智慧软件》，立花隆著）

由于分类方式不同，对同一个现象的看法也会随之改变。所以一边思考，一边做剪报非常重要，这点至今没有改变。

佐藤优在《国家谋略》这本书中这样写道：“即使在网络时代，有智慧的专家仍不会忘记制作剪报。”

> 不能漫无目的地看报，而是要通过做笔记或对报纸进行剪裁整理（也可以制作剪报本）把重要的事情刻在脑子里。新闻并不是一种具有一贯性的媒体，半年后对同一件事的评价很有可能完全相反。所以我们应该一边整理、一边思考为什么会有这样的变化。虽

然伴随着网络的普及，很多人开始认为剪报是一件无用功，转而依赖起庞大的网络数据库。但我知道的所有顶尖的情报专家都会亲手制作剪报，这样做对信息的记忆要深刻得多。只要坚持3～6个月的新闻研究，就能对对手国、组织有一个大致的了解。

（《国家谋略》，佐藤优著）

至少对于那些想要活用新闻信息的人来说，剪报学习法并不落伍。

建立一个自己偏爱的世界

“用剪报构建自己的世界”

植草甚一的随笔《植草甚一剪报本》系列丛书从1976年一直出版到1980年。近年来再次复刊，又收获了不小的人气。

《植草甚一style》中这样描述剪报的魅力：

> 无论是杂志还是报纸，首先要撕掉没用的广告。一篇报道是否有价值，只看两三行就能知道。不断剪裁、收集有价值的报道，让剪报本越来越厚。可以说剪报本就是植草甚一的大脑，里面按照各种不同的主题分门别类，如电影、喜剧、美国小说、爵士、池波正太郎、黑人暴动，等等。从这些五花八门的主题也可以看出他广泛的兴趣爱好。他甚至还有将书信和名

片工整地整理在本子上的习惯。也许J·J[①]只是很喜欢剪贴、整理这件事而已。

如果说J·J是昭和时期的剪报迷，那么沉迷于剪报的当代名人就是M·J——三浦纯先生了吧。

三浦先生最广为人知的剪报收藏是贴满了从杂志插图中剪下来的女性性感照片的“性感剪报”。在2010年接受的采访中，他笑着说自己从1976年到现在，已经制作了240本以性感为主题的剪报集。

你也许会怀疑这是否还能称得上是学习方法，但荒俣宏先生却认为“这就是一本文化史”，而且坚持就是力量。

其实三浦先生的收集癖好之广泛、所涉及的领域之丰富也非同寻常。他的收藏可以说不胜枚举，比如“佛教周边”“地区吉祥物”“观光地纪念明信片”等。**他通过自己的选择建立了属于自己的世界**。他并不是把东西汇总在一起，然后完美地搭建起来，而是在寻找快乐的过程中发现一些独特的事物。

沉迷于佛像、佛教产品的三浦先生在制作佛像剪报集的时候，都要先进行一番精心的调查后才会开始下手整理。

---

① 植草甚一的通称。——译者注

他用与专家、学者完全不同的方式领悟佛教世界，他在佛学上获得的高深造诣也全是他自己一点一滴学习来的。

构成世界的元素有时需要我们主动地寻找，有时又会通过天线不期而至。**只要我们备好天线随时准备接收信息，它们就会纷至沓来。**这样一来，我们的世界就会越来越广阔。

但我认为**我们的世界里不能只有自己喜欢的、感兴趣的事物**。我们还要通过这些兴趣爱好与社会接轨。从这个角度看，三浦先生的世界是非常广阔的。

轻松地把隐晦难懂的理论输入大脑

“耳学法＆聊天术”

竹田青嗣先生的著作《帮助你了解自己的哲学入门》中就有用“耳学法”学习哲学的例了。

学生时代，其实大家都不太懂“自在”“自为”“投射”“自由”等这些哲学的专业词汇，但是却能通过“耳学法”在与朋友们的讨论中逐渐学会这些概念。

书中认为“我们会在听到一些词汇后，在完全不懂也不知道如何表达的情况下，就自己心中某个模糊的概念与他人进行交流与分享，由此与他人形成一种新型的关系。”

文中还有这样一个小故事。

有一位女性，她从学生时代起就不擅长读那些晦涩难懂的书籍。后来她参加了阅读哲学书籍的读书会，有一次还对着喜欢卖弄哲学知识与现代思想的男学生抱怨：“你就不能用更通俗易懂一点的话解释吗？”不过，虽然她并不擅长读书，但总能在与他人聊天时不断找到新的话题。

那她为什么还会在大学毕业后参加读书会呢？原因是一旦走向社会，就很难遇到像大学时那样能与自己聊天的人了。她是因为想找个聊天的对象，才参加了读书会。

因为不擅长看书，她不太能读懂海德格尔或尼采的书。但却能在聊天中自然地、相对准确地说起“实存”“了解”“存在可能性”“怨恨”“强者与弱者”“浪漫主义”“颓废”这些词。

她能用这些自己既不能理解、又无法解释的概念表达自己的感情与思想。虽然只是一些用耳朵听来的哲学知识，却能在无形之中帮她了解自己、拓宽人际关系。

故事到这里就讲完了。

我到底想表达什么呢？其实就是下面这一句话。

“耳学法也许只能让我们懂得一些浅显的哲学知识，这些知识有时甚至还不能帮我们解决生活中复杂的人际关系。所以，与其卖弄这些知识，不如利用它们让自己变得更聪明。”

我认为学习最终的目的不是掌握好专业知识，而是要**利用学到的知识帮助我们建立更好的人际关系，为我们的生活提供更多便利。**

经常有一些老太太，她们嘴上说着“我什么都不懂”，却能道出耐人寻味的话。可见很多智慧都是在生活中不断积累而成的。

让“听懂”升华为“会做”

“王牌参考书反复练习学习法”

有时我们会遇到让人不禁感叹“真是个数学天才”的人，也会遇到让人发自内心地觉得“每个人大脑构造就是不一样啊，真不想跟这种人一起学习”的人。

但其实哪里有那么多数学天才，真正的天才凤毛麟角。就连东京大学、京都大学和庆应大学的医学部里也只有那么几个。

既然如此，其他那些数学好的人又是怎么回事呢？

“为什么能学得这么好呢？”面对我的提问，他们的答案惊人地一致：

“把参考书做个五遍、十遍就可以了。”

“没错没错，只要做个十遍基本上就都会做了。”

他们口中的“多做几遍”，就是把被称为王牌的参考书反复做上五遍、十遍。

他们会用大家难以想象的毅力反复训练自己。

学习分为**理解和熟练**两个部分。想要同时做到这两个部分，其实相当困难。

要说为什么，这是因为理解能力高的人会在明白一道题以后，马上就想继续往下学。因为已经懂了，所以不想在同一个地方浪费时间。因为练习题太麻烦了，所以根本不想做。其实越是那些能迅速听懂的人，越不愿意花时间进行反复的练习。

例题是用来帮助我们理解的，而练习题则会帮助我们熟练掌握知识。**“听懂”和“会做”有着天壤之别。**

因为我并不喜欢做脚踏实地的练习，所以深知喜欢学习就是要喜欢练习。弄明白一道题并不厉害，倾注体力做到熟练掌握才是真正的厉害。

现在已经有人告诉你学习的诀窍就是把重要的练习册做上十遍。如果你能按照要求做完十遍，那你就会成功。如果做了几遍就想放弃，那你永远不会有所长进。数学相对较好的人能通过不断地练习做到熟练掌握，进而学得更好。而不喜欢数学的人根本不想反复地做练习——这就是现实。

达到熟练的具体过程如下：

第一遍，最重要的是要理解。如果不会做，就通过看答案帮助理解。如果看了还是不懂，就去问老师。

第二遍，如果还是不会做，可以继续看答案。因为之前已经把自己不会的地方搞懂了一遍，所以这次再看答案肯定能懂。

但在做第二遍的时候会产生不耐烦的心理，不是因为之前做过，而是因为看题就像看新朋友一样，什么都不记得。此时，内心会开始焦躁:“不会吧，明明之前全部做过一遍，为什么我现在什么都不记得了？”然后因此陷入自卑之中。

但正因为如此，才“有必要做五遍、十遍”。

有能力的培训班老师也许会这么说：

“我不是早就说过需要做十遍吗，这才第二遍呢。第二遍就觉得自己没有天分，就开始陷入绝望也太不应该了吧。”

从第三遍开始，就会熟练起来了。这时如果还有不会的，仍然可以看答案，但是要做到看一眼就能回想起来的程度。

渐渐地，不需要看答案就会做的题目越来越多。在第三遍才掌握的题目，做到第四遍就更没有问题了。练习超过五遍以后，做完一遍的速度会有明显的提高。总之这个时候要再接再厉，坚持完成最初的目标。

因为数学是一门理解与掌握有一定距离的科目，所以必须反复练习、做到熟练掌握，才算真正学好数学。

需要记忆的东西也是如此。如果能把单词本背上10遍，就基本都能记住了。

注意**最好不要把目标设定在一到两遍**。如果给自己的要求是“通过做十遍达到完美”，就不容易产生焦虑的情绪，会觉得就算在第三遍、第四遍的时候还不会也完全没有关系。

宫本武藏在《五轮书》里说:“千日锻技，万日练道。”如果只是大脑知道该怎么做，实战上根本派不上用处。

练习剑法时需要反复练习，勤加锻炼。

学习也要**“勤加锻炼”**。

面试官一般认为那些在运动社团里参加过高强度训练的人更有毅力，更容易突破工作上的困难。

以前的确如此，但最近我开始对这一观点抱有疑问。因为现在有不少年轻人虽然能在社团里拼命地训练，但却无法把这种势头用在学习或其他事情上。

本以为是个有毅力的大好青年，但录用以后却发现对方会以“这和社团的性质完全不一样，所以我做不到”为由，一遭遇困难就马上选择放弃。这样只会让公司蒙受巨大损失。

如果做什么都这样轻言放弃，那么以前努力训练的日子岂不也变得毫无意义了吗？

要把学会的东西运用到工作、社会甚至是家庭生活中，否则就不能称之为学习。

学习的意义就在于要培养面对任何困难都能勇往直前、沉着应对的精神。

我们需要让学习变成强大内心的工具。不能仅仅因为做成了一件小事就沾沾自喜，而是要通过这件事不断强大自己的精神，走出一条属于自己的人生之路。

我之所以会写这本书，并不是想让大家注重对知识的掌握，也不是为了让大家都爱上学习，而是希望每个人都可以通过学习变得更坚强、更成熟。

对我们来说最重要的是把在学习、学艺与运动上收获的强大意志，延续到其他领域。

出版后记

“学习”这个词在日语中写作“勉强”。个人觉得其实甚有妙意在其中。学习是针对于某一领域，持续钻研的一种行为，这个过程可能是孤独的，并且随时面临着陷入绝境的风险。这时，我们不禁会怀疑：“我是不是没有这方面的天赋？”长期下来，确实会有些“勉强”。

但其实失败时也无须自怨自艾。正如本书的作者所说，不顺利是正常的，你“只是还没有找到适合自己的学习方法”。既然学习是一种需要长期坚持的行为，那么找对方法十分重要。方法对了，我们才能持之以恒地走下去。

本书的作者斋藤孝，是日本明治大学的教授，也是一位教育学者。在教育学方面上他有着独到的见解，这一点从本书中也可以体现出来。除教育学相关书籍外，他也发表了诸多商务、传播学方面的著作。

他平素喜爱阅读人物传记，他在阅读的过程中发现那些被称为“伟人”的人们，总会在某一段时期进入一个人生的转折点。那么伟人们又是如何在人生的转折点成功转变,步入成功的人生轨迹呢？答案就在于伟人们独特的“学习法”。

在这本书中，作者为我们精心准备了16位伟人的“学习法”：从发现了特洛伊遗址的谢里曼，到开创了女性时尚潮流的香奈儿；从写出了《浮士德》的歌德，再到日本知名作家村上春树。这些人的学习方法无一不是值得我们学习、借鉴的对象。

对于现在的自己感到迷茫、困惑时，不妨暂时将烦心事抛于脑后，拿起这本书，看看伟人们是如何在逆境中重生的。这或许不能立竿见影地帮助你解决眼下的实际问题，但一定会给你一些启发。我们无须站得多高，更重要的是站对位置，站在巨人的肩膀上。

16款“伟人学习法”，总有一款适合你。

服务热线：133-6631-2326　188-1142-1266

服务信箱：reader@hinabook.com

后浪出版公司

2015年12月

图书在版编目（CIP）数据

学会学习 /［日］斋藤孝著；张祎诺译．-- 南昌：
江西人民出版社，2016.2（2017.6重印）

ISBN 978-7-210-08170-8

Ⅰ．①学…　Ⅱ．①斋…②张…　Ⅲ．①学习方法
Ⅳ．①G791

中国版本图书馆CIP数据核字（2015）第313867号

IJIN-TACHI NO BREAKTHROUGH BENKYO-JUTSU Drucker kara
Murakami Haruki made by SAITO Takashi

版权登记号：14-2015-0330

学会学习

作者：［日］斋藤孝　责任编辑：胡滨　刘荆路
出版发行：江西人民出版社　印刷：北京富达印务有限公司
889毫米×1194毫米　1/32　7.5印张　字数126千字
2016年3月第1版　2017年6月第5次印刷
ISBN 978-7-210-08170-8
定价：32.00元
赣版权登字-01-2015-1028

《麦肯锡教我的思考武器》

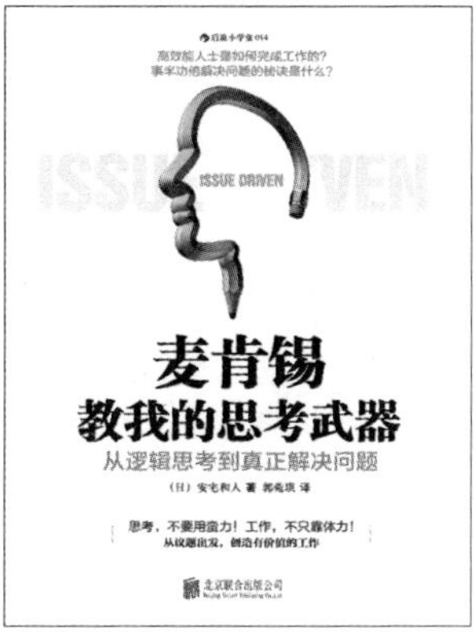

著　　者：（日）安宅和人
译　　者：郭菀琪
书　　号：978-7-5502-2207-6
出版时间：2013.11
定　　价：29.80元

摆脱"没有功劳也有苦劳"的错误思维
麦肯锡教你如何交出有价值的工作成果

内容简介

大多数人在面对工作和问题时，总是还没想清楚"真正的问题究竟是什么"，就急忙动手去处理、去解决。然而，像这样一味求"快"、忙得团团转的结果，往往是白费力气，最后步入事倍功半的"败者之路"。

这本书告诉你，遇到问题时，先慢一点动手！因为有一件事比急着动手更重要——先判断："这个问题重要吗？"

本书作者根据自己在麦肯锡公司工作时积累的丰富经验以及脑神经学的专业背景，设计出一套极具逻辑性的问题解决思维模式——先找到真正的问题，想清楚目的再动手，搜集个性化信息，组建故事线，划定答案界限，整合有用材料，最后交出完美成果。

还在欺骗自己"没有功劳也有苦劳"吗？NO！交出有价值的成果才是好工作！

《麦肯锡教我的写作武器》

著　　者：（日）高杉尚孝

译　　者：郑舜珑

书　　号：978-7-5502-1552-8

出版时间：2013.08

定　　价：32.00元

麦肯锡教你“用得着的”逻辑写作技巧

内容简介

本书根据作者高杉尚孝在麦肯锡管理咨询公司工作的丰富经验，详细介绍了世界一流公司的商务文案写作方法，是一本让你学会逻辑思考方法、提高写作能力的实用工具书。本书分为基础篇和实践篇两部分，结合实际案例，系统地介绍了运用逻辑思考，制作一份兼具逻辑力与明确表达力的精彩商务文案所需的诸多方法，如金字塔原理、MECE原则、分辨问题类型的高杉法、SCQOR故事展开法以及具体制作报告与简报的方法等，帮助你自动养成逻辑思考的习惯，五分钟就构思出一篇逻辑清晰、说服力十足的商务文案。